KB119040

10억짜리 독서법

내면의 성장을 넘어 경제적 부까지 이뤄준

10억짜리 독서법

손승욱 지음

위즈덤하우스

고등학교 1학년 체육시간이었다.
얼떨결에 친구들 사이에 끼여 농구를 하게 됐다.
어떻게든 잘해보려 했지만 농구로 다져진 친구들 사이에서 기를 펴긴 힘들었다.

오기가 생겼다. 더 잘하고 싶었다.
그때쯤 겨울방학이 시작되었다.

『드래곤볼』 만화에는 '정신과 시간의 방'이라는 수련장이 나온다.
외부 세계의 하루면 이 방에선 1년이란 시간을 보낼 수 있다.
손오공은 그 안에서 몇 년이고 수련해 더욱 강해져서 나오곤 했다.

그 겨울방학이 나에겐 정신과 시간의 방이었다.

손끝이 꽁꽁 얼어 떨어져 나갈 것 같은데도 쉬지 않고 드리블했다.
그렇게 겨울방학이 끝나고 학교에 돌아가자
나는 반에서 가장 농구를 잘하는 아이가 되어 있었다.

터닝포인트. 전환점.

이 단어는 내 가슴을 뛰게 만든다.

농구 실력을 급상승시켰던 학창 시절의 그 전환점은 내게 큰 깨달음을 주었다.
혼자서 하나에만 진정으로 매진할 때 가장 크게 성장할 수 있다.

난 이것을 '고독의 힘'이라고 불렀다.

하지만 내가 얻은 작은 깨달음은 머릿속 생각만으로 그쳤다.

대학 진학을 포기한 후 나의 20대는 더 많은 돈을 벌려는 시도들로 점철된 10년이었다.

더 많은 돈을 벌 수 있는 직업이 있으면 바로 전직했고 모든 행동의 결정은 '돈'이 내렸다.

돈을 향한 무한한 욕망의 고리를 끊어버린 건 29살이 막 되었을 때였다.

『태백산맥』이라는 소설을 읽게 되었다.
먹고 살기 위해 아등바등 살아가는 다양한 인간 군상들을 보면서
나라는 사람은 어떤 모습에 대입되는지 생각해보았다.

'내 삶의 의미는 무엇일까?'
'결국 난 어디를 향해 나아가고 있는 걸까?'

어떻게 삶을 변화시킬지는 몰랐다.
변화가 필요하다는 것만큼은 확신했다.

삶에 대해, 세상에 대해, 인간에 대해 조금 더 알고 싶다는 욕구가 커졌다.

'정신과 시간의 방'이 필요했다.
하던 일을 그만두고 1년간 모든 시간을 독서에 투자했다.

책이 나를 인도하는 대로 따라다녔다.

겉모습은 단순했지만 내 정신세계는 화려한 파티를 벌이듯 시끌벅적했다.
때론 작은 원자의 세계를 탐험하기도 하고, 넓은 우주를 유영하기도 했다.
책이 또 다른 책을 부르고 나는 그 초청을 고맙게 받아들였다.

1년의 시간이 지난 뒤 나는 완전히 다른 존재가 되어 있었다.
과거의 세계가 부서지고 새로운 세상이 내 정신을 채웠다.

무無와 1이 완전히 다른 개념인 것처럼,
독서를 전혀 하지 않던 이전의 나와는
차원이 다른 수준으로 성장했다는 걸 느낀다.

독서는 나를 바꿨다.
또한 독서는 우리를 바꿀 수 있다.

**원한다면 우리는 얼마든지 책을 통해
완전히 다른 존재가 될 수 있다.**

차례

PART 3

'지적 자산이 복리로 쌓인다'

탁월한 독서가들의 10가지 독서 습관

스물아홉,
월 천만 원 벌던 일을 그만두고
독서를 시작했다

2016년, 20대의 마지막 봄날을 지나고 있을 때였습니다. 사표를 내기로 했습니다. 이미 결정하고 집 문을 나섰지만 제 머릿속은 계속해서 그 결정의 가치를 곱씹어보고 있었습니다.

'내가 선택한 이 길이 그동안 참아낸 고생을 포기할 정도로 괜찮은 걸까?'

가이드 자격증을 따려고 중국어 문장을 외우던 나날들이 떠올랐습니다. 잔뜩 긴장한 채 중국어로 면접시험을 보던 날도 스쳐 지나갔습니다. 여행사 취직을 위해 가이드 자격증을 따고 여러 회사에 이력서를 내러 다닌 일도 떠올랐습니다. 첫 손님을 받기 위해 인천공항에서 환영 피켓을 들고 기다리던 날도 생각났습니다. 술에 취해 일어나지 않는 관광객을 깨우기 위해 30분 동안 호텔 문을 두드리던 아침도 기억났습니다.

온갖 우여곡절을 겪으며 지금의 자리까지 왔다는 게 떠올랐습니다. '고생한 모든 것을 뒤로 하고 그만두는 게 맞는 걸까?', '평생 이날을 후회하진 않을까?' 회사로 가는 동안 온갖 생각들이 몰아쳤습니다. 하지만 제 발걸음은 느려지지 않았습니다. 사표를 내는 손길에도 주저함이 없었습니다. 머리는 고민하고 있었지만 제 몸은 그만두는 것을 간절히 원하고 있었던 것 같습니다.

그때까지만 해도 가이드 일을 완전히 그만둘 생각은 아니었습니다. 딱 1년만 저만의 시간을 가지고 싶었습니다. 1년 뒤에 다시 복귀할 수 있다는 보장은 없었지만 1년의 시간 동안 저를 더 갈고닦으면 제가 있을 자리 하나쯤은 언제든 얻을 수 있지 않을까 하는 생각이었습니다. 사표를 내고 나오니 속이 후련했습니다. 이제 막 신입 딱지를 뗄 참이었지만 후회나 아쉬움은 없었습니다. 복귀 못할 것에 대한 두려움보다 간절함이 더 컸기 때문입니다.

1년 동안 독서에만 푹 빠져보고 싶었습니다. 회사 선배들에게는 대학에 가려고 당분간 일을 쉰다고 했습니다. 선배들은 대견하다고 칭찬해주었습니다. 혼자 골방에 틀어박혀 책만 읽으려 한다고 사실대로 말할 용기는 없었습니다. 독서에 대한 제 갈급함이 얼마나 큰지 보여줄 방법이 없었기 때문입니다. 진실은 혼자만 담아두기로 했습니다.

하고 있는 일에 대한 불만은 없었습니다. 제가 하고 싶어서 선택한 중국어 가이드 일이었고 회사 선배들의 과한 사랑을 받으며 잘 적응하고 있었습니다. 실적이 좋은 달은 한 달에 1,000만 원 이상까지 벌었습니다. 수익만 보면 그 당시에 제가 벌 수 있는 최대의 금액이었으니 일을 그만두는 건 말도 안 되는 선택이었습니다. 하지만 어느 날부턴가 '지금 이대로 괜찮은 걸까' 하는 생각들이 제 정신을 흩뜨려 놓았습니다.

무엇을 하든 최선을 다하자고, 참고 견디는 사람이 결국 성공이라는 값진 결과물을 얻게 되는 거라고 스스로를 다독이며 버텨왔지만 꾹꾹 눌러왔던 것들이 이제는 터져 나오려고 하던 참이었습니다. 스스로 행복하다고 여겼습니다. 하지만 아니었습니다. 저는 무엇인지도 모르는 행복이라는 허상을 얻기 위해 참고 있었을 뿐이었습니다. 이제는 제 속에 눌러 담아도 더 이상 눌러댈 공간이 없다고 느꼈습니다.

처음 책을 읽기 시작한 것은 가이드 일을 더 잘하기 위해서 였습니다. 한국 역사와 문화에 대해 더 잘 해설하기 위해서 역 사책을 찾아보기 시작했습니다. 그러다 책과 사랑에 빠지고 말 았습니다. 책은 제가 알지 못하던 더 넓은 세계가 있음을 보여 주었습니다. 놀라운 경험이었습니다. 제가 살고 있던 세계가 '전 부'가 아님을 처음으로 인지한 순간이었습니다. 그동안 눈을 감 고 살아왔다는 것을 실감했습니다. 그제야 눈을 뜨고 세상을 보 게 되었습니다.

또 책은 제가 왜 행복하지 않은지, 제가 행복하려면 어떤 길 을 나아가야 하는지도 알려 주었습니다. 그런 깨달음의 순간이 너무나 좋았습니다. 새로운 깨달음 하나를 얻을 때마다 제 미래 가 더 명료해지고 밝아지는 느낌이었습니다. 그 느낌이 너무 좋 아서 최소 1년 정도는 독서에만 빠져 살아보고 싶었습니다. 제 가 보지 못하고 있던, 인지하지 못하고 있던 공백 부분을 빨리 메우고 싶다는 간절함이 생겼습니다. 그래서 가이드 일을 그만 둔 것입니다. 마침 1~2년 정도는 버틸 수 있을 만큼의 돈이 있 었고, 그걸 다 쓰고 다시 원점에서 시작하더라도 투자할 가치가 충분하다고 생각했습니다.

그렇게 가이드 일을 때려치우고 독서에만 몰두했습니다. 골방에서 책을 보다가 답답하면 도서관이나 카페에 갔습니다. 그렇게 하루의 모든 시간을 책과 함께 보냈습니다. 문학 소설을 집중해서 읽다가 서서히 다른 분야로 뻗어나갔습니다. 독서법, 글쓰기, 뇌과학, 우주과학, 종교, 철학 등 관심이 가는 분야들이 늘어났습니다. 의식이 이끄는 대로 따라가면서 독서에 푹 빠졌습니다.

원래 1년을 계획하고 시작한 독서 여정이었습니다. 그런데 책은 이 길을 7년 동안 나아가게 만들어주었습니다. 어디로 가야 할지 갈피를 못 잡고 있을 때 목표와 꿈을 부여해주었습니다. 지쳐서 포기하고 싶을 때 새로운 동기와 희망을 전해주었습니다. 장애물에 부딪혀 멈춰 있을 때 넘어설 수 있는 지식과 기술도 가르쳐주었습니다. 책은 제게 스승이었고, 길을 인도하는 멘토였으며, 힘들 때면 기댈 수 있는 친구가 되어주었습니다.

아직 갈 길이 먼 초보 독서가에, 초보 작가일 뿐인데 유튜브 구독자분들의 과분한 사랑 덕분에 좋은 출판사와 연결될 수 있었고 책을 출간할 소중한 기회를 얻게 되었습니다. 아직 너무나도 부족하지만 지금의 저도 분명 쓸모가 있을 거란 생각이 들었고 그래서 용기를 낼 수 있었습니다. 책을 통해 제가 어떤 변화를 거치며 나아왔는지, 또 책에서 얻은 깨달음은 무엇이었는지 진솔하게 담고 싶었습니다.

이 책은 총 3개의 파트로 구성되어 있습니다.

첫 번째 파트에서는 책으로 인해 변화한 저의 7가지 모습들을 담았습니다. 책은 제 속에 있는 연약한 모습들을 인지하도록 해주었고 그것들을 이겨내 넘어설 수 있는 방법을 알려주었습니다. 또 바꿀 수 없는 저의 본질적인 모습을 받아들이고 사랑하는 법도 알려주었습니다. 좋아하는 일을 하면서 돈을 버는 방법도 알려주었습니다. 책 덕분에 제 삶의 모든 부분이 성장할 수 있었습니다. 저의 7년간의 변화가 책을 읽으며 성장하고자 하는 열망을 품고 계신 분들에게 희망과 용기를 드릴 수 있으면 좋겠습니다.

두 번째 파트에서는 지금까지 저의 성취를 얻게 해준 독서 방법인 '자료화 독서법'에 관해 소개합니다. 어떤 일을 하든 성공하려면 그에 상응하는 노력이 있어야 합니다. 하지만 그런 노력도 '좋은 방법'이 동반되어야 합니다. 좋은 방법 없이 노력만 하는 것은 포클레인을 옆에 두고 숟가락으로 땅을 파는 것과 같습니다. 10년을 노력해 최고 전문가가 되는 경우가 있는 반면에 10년을 노력해도 그대로인 경우가 있습니다. 노력의 차이가 아니라 '방법의 차이' 때문입니다. 자료화 독서법이 없었다면 저는 아마 제가 이룬 성취의 10분의 1도 얻지 못했을 것입니다. 지금 이 책도 없었을 것이고 제가 운영하는 사업도 없었을 겁니다.

자료화 독서법은 모든 지적 생산 활동의 초석이 됩니다. 단순히 언젠가 아이디어가 찾아오기만을 기다리는 게 아니라, 모아놓은 자료들을 뒤적이다 보면 계속 새로운 깨달음을 얻게 됩니다. 직장에서 일할 때, 사업을 운영할 때, 개인적인 공부를 하거나 인간관계에도 무궁무진하게 활용할 수 있습니다. 양질의 콘텐츠를 무한대로 만들 수 있기에 저는 자료화 독서법이 부와 성공으로 가는 최고의 독서법이라고 확신합니다.

세 번째 파트에서는 탁월한 독서가들의 10가지 독서 습관을 다루고 있습니다. 그동안 책을 읽으면서 알게 된 이치 중 하나는 지혜로운 사람들은 겉모습에 현혹되지 않고 그 속에 숨어 있는 본질을 알아본다는 것입니다. 이 10편의 글은 제가 그런 지혜로운 사람이 되고자 발버둥쳤던 흔적들이 담겨 있습니다. 지혜로운 이들은 어떻게 책을 대했고, 어떤 생각을 가지고 독서를 했는지, 또 어떤 습관을 가지고 있는지 탐구한 결과를 담았습니다. 탁월한 이들의 생각을 배우고 모방한다면 우리의 독서도 더 높은 경지로 올라서게 될 것이라 확신합니다.

처음에는 1년으로 시작한 프로젝트가 1년씩 늘어나더니 결국 7년이 되었습니다. 몇 가지 지식만 얻고자 했던 1년짜리 목표가 이제는 10년, 20년을 지속해 얻고 싶은 큰 꿈으로 변했습니다. 7년이 지나 돌아보니 제가 가까워지고 싶었던 목표에 훨씬 더 다가와 있다는 것을 느낍니다. 제 직업 활동을 위한 전문 지식을 쌓을 수 있었고, 인생을 살아가는 데 도움이 되는 여러 지혜들을 얻었습니다. 또 한 달 만에 1억 원이라는 수익도 기록하면서 사업도 안정적으로 일굴 수 있었습니다. 이 모든 게 책 덕분이었습니다.

저는 독서로 인해 인생의 시행착오를 30년은 줄였다고 생각합니다. 제 인생을 통째로 바꿔버렸기에 제가 책에서 전해드리는 독서법은 10억 원 이상의 가치가 충분하다고 단언합니다. 이 독서법을 익히고 나면 효율과 성취감이 점점 더 커지고 인생을 바꾸는 수많은 지혜를 손쉽게 얻게 되실 겁니다. 저의 소기의 성과들이 이제 막 '지적 성장의 길'을 출발하는 분들께 희망과 용기를, 깨달음과 즐거움을 드릴 수 있으면 좋겠습니다. 그래서 이 세상에 책을 사랑하는 사람들이 더 많아지고, 책을 통해 내면의 행복과 외부의 결실을 얻는 분들이 더 많아지면 좋겠습니다. 이 책을 선택해주셔서 감사합니다. 이제 저와 함께 여행을 떠날 시간입니다.

PART 1

'최대한의 내가 되고 싶어
책을 읽기로 했다'

책이 가져다준
7가지 삶의 변화

책은 지식만 제공하지 않습니다.

우리 삶에 다각도로 많은 도움을 줍니다. 제가 7년 동안 책과 함께하며 알게 된 독서의 7가지 가치는 이렇습니다.

1. 자기 탐구
2. 성장하는 태도로 전환
3. 인생의 새로운 방향 제시
4. 생각의 질 향상
5. 진로 탐구
6. 표현 능력 상승
7. 수익 성장

독서를 시작할 때는 미처 이런 가치들을 알지 못했습니다. 하지만 이제는 달라졌습니다. 시간이 갈수록 책이 우리 삶에 끼치는 영향력을 더 크게 발견하고 있습니다. 아마 책을 향한 이 마음은 평생 더 커지지 않을까 감히 예상해봅니다. 그리고 이런 생각을 해봅니다. 만약 제가 5년 전에, 혹은 3년 전에 현재 느끼고 있는 책의 가치를 깨달았다면 어땠을까요? 제 독서 능률이 훨씬 더 올라가지 않았을까 생각해봅니다.

어떤 활동의 가치를 명확히 알 때 더 뜨거운 열정을 가질 수 있습니다. 달리기를 하더라도 달리는 행동이 우리에게 어떤 혜택을 주는지 명확히 알아야 운동화 끈을 바짝 매기 시작합니다. 책도 똑같습니다. 놀거리가 넘쳐나는 현대사회에서 책 읽기는 노력이 필요한 행위이기에 책이 주는 가치를 더욱더 명확히 알 필요가 있습니다.

현재 저는 예전보다 더 열심히 책을 읽고 있습니다. 책의 다양한 가치들을 구체적으로 알게 되었기 때문입니다. 저의 독서 열정이 독자님들께도 꼭 전달되었으면 좋겠다는 간절한 마음으로 파트 1을 썼습니다. 독자님들의 삶이 독서를 통해 크게 변화하고, 언젠가 또 다른 이에게 직접 느낀 독서의 가치를 알려주셨으면 좋겠습니다.

책은 나 자신을
직시하게 해주었다

　　20대 끝자락까지 저는 제가 외향적인 사람이라고 생각하며 살아왔습니다. 사람들과 함께 있는 것을 좋아하고 사람들과 함께할 때 성과를 더 잘 내는 사람이라고요. 그래서 직업을 찾을 때도 많은 사람과 자주 소통하는 일이 제게 잘 맞는 일이라고 생각했습니다. 2여 년의 준비 끝에 가이드가 되었습니다. 외향적인 저에게, 또 성장을 좋아하는 저에게 제 기질을 살릴 수 있는 꿈의 직업이라고 생각했습니다.

　　직접 일해보니 역시 가이드 일은 외향적인 사람들에게 천상의 직업이었습니다. 끊임없이 새로운 사람들을 사귈 수 있고 함께 여행을 다니면서 먹고 떠들고 웃을 수 있는 일이었습니다. 처음엔 일이 서툴러 힘들었지만, 적응기만 잘 넘기면 평생 행복하게 일하며 살 수 있으리란 기대를 했습니다. 그런데 6개월이 지나도, 1년이 지나도 가면 갈수록 일이 저와 잘 맞지 않다는 생각이 커졌습니다.

아이러니하게도 저를 힘들게 했던 건 사람들과 끝없이 함께 있어야 한다는 것이었습니다. 수십 명의 관광객을 이끌고 며칠간 쉼 없이 함께하는 건 저를 너무 숨막히게 했습니다. 손님들 앞에서는 항상 해맑게 웃으려 노력했지만 제 속은 점점 고갈되어가는 듯했습니다. 밤늦게 일을 마치고 호텔 침대에 누울 때면 또 내일이 금방 시작될까 두려웠습니다. 일과 중에 가장 행복하게 여기던 장소가 있었습니다. 화장실입니다. 변기에 멍하니 앉아 있는 게 저의 유일한 안식 시간이었습니다.

처음에는 왜 그렇게 하루하루가 고통스러운지 몰랐습니다. 아직 신입이기 때문에, 가이드 일에 완전히 능통하지 않기 때문에 이렇게나 힘든 것이라고 생각했습니다. 그래서 제게 필요한 건 더 많은 지식을 얻고 외국어 기술을 갈고닦아 더 뛰어난 가이드가 되는 거라고만 생각했습니다. 더 능숙하게 말하게 되면 손님들과의 시간을 즐길 수 있게 될 것이라 여겼습니다.

그래서 1년 정도 책을 읽어보기로 작정했던 것입니다. 그런데 책을 읽다 보니 가이드 일이 왜 그토록 저를 힘들게 했는지 비로소 알게 되었습니다. 제가 외향적이라고 생각했던 건 완전한 착각이었습니다. 사실 저는 정반대의 인간이었습니다. 지적 사유를 좋아하고 고독한 시간을 좋아하는 사람이었습니다. 이런 저를 탐구하는 데 『나는 무엇을 잘할 수 있는가』란 책이 큰 도움을 주었습니다. 살아온 경험과 욕망, 기질 등을 분석해 나다운 모습을 발견하는 방법들을 구체적으로 설명해주었습니다. 이 책을 통해 저는 고독한 시간 속에서 내면을 성찰하고 자신과 대화 나누기를 즐기는 사람이란 것을 깨달았습니다.

그동안 찾아 헤매던 저다운 모습이라는 확신이 들었습니다. 어렸을 때부터 저는 혼자 있는 시간을 좋아했습니다. 학교가 끝나면 바로 집에 오기 바빴고, 특별한 일이 아니고선 제가 먼저 사람들과의 만남을 잡는 일은 없었습니다. 그런데 책을 읽기 전까지는 이런 저의 내향적인 모습을 인지조차 하지 못했습니다. 제가 스스로를 외향적인 사람이라고 여겨왔던 건 '그런 사람이 되어야만 한다'는 무의식적인 강박이 아니었을까 싶습니다. 사람들 앞에서 말을 잘하는 사람, 모르는 사람에게도 쉽게 잘 다가가는 외향적인 사람이 되어야만 한다고 생각했습니다.

책을 읽고 내향성이 짙은 제 모습을 인식했을 때 살짝 실망하기도 했습니다. 혹시나 고독을 좋아하는 저의 성향이 제 앞길을 가로막는 게 아닐까 하고 고민했으니까요. 큰 성공을 얻기 위해서는 말도 잘해야 하고 사람들도 잘 사귀어야 한다고 생각했습니다. 혼자만의 시간을 추구하는 제 성향을 고쳐야 할 문제점으로 받아들였습니다.

하지만 제가 만나는 책마다 그런 걱정은 할 필요가 없음을 말해주었습니다. 피터 드러커는 『프로페셔널의 조건』에서 각자에게 주어진 '개성'을 개선하며 발전시킬 때 가장 높은 결과를 이룰 수 있다고 강조했습니다. 구본형도 『그대, 스스로를 고용하라』에서 남들을 따라 하지 말고 자신만이 가진 기질을 발견하고 그것에 자신이 가진 에너지를 집중 투자해야 경쟁의 장을 바꿀 수 있다고 말했습니다. **남들을 추월해 승리하는 게 아니라 '더욱 나다워짐'으로써 승리하는 방법을 알려주었습니다.**

문제 덩어리라 여기던 저 자신을 다르게 볼 수 있게 되었습니다. 그때부터 제가 가진 내향성 속에 어떤 장점이 있을지 관련 서적들도 찾아보기 시작했습니다. 수전 케인의 『콰이어트』, 로리 헬고의 『은근한 매력』, 도리스 메르틴의 『혼자가 편한 사람들』과 같은 책을 읽으면서 외향성만이 최고의 자질이라고 여겼던 제 생각이 틀렸음을 알게 되었습니다. 세상에는 조용하고 사색적인 삶 속에서 비범한 성과를 만들어내는 사람도 많다는 것을 깨달았습니다.

책 덕분에 저를 바라보는 태도가 바뀌었습니다. 이제는 남이 가진 장점을 가지려고 노력하기보다, 제가 이미 가진 장점들을 더 발전해 나가는 방향으로 노력하게 되었습니다. 만약 책이 아니었다면 저는 지금도 제가 실제로 어떤 사람인지 알지 못한 채로, 좋아하지도 않는 것을 좋아한다고 착각하고, 편하지 않은 것을 편하다고 믿으면서 살았을지 모릅니다. 나다워지려 하기보다는 자꾸만 타인이 되려고 하면서요. 이제는 저 자신을 더욱 잘 알게 되었고, 있는 그대로의 제 모습을 더욱 사랑할 수 있게 되었습니다.

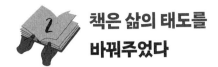

책은 삶의 태도를 바꿔주었다

저를 발견하고 세상을 알아가는 즐거움은 그동안 경험해보지 못했던 깊은 성취감을 안겨주었습니다. 운동이나 게임을 할 때 느끼는 몰입감과는 또 다른 즐거움이었습니다. 책의 문장을 통해 깨달음을 얻을 때마다 새로운 사람이 되고 있다는 느낌을 받았습니다. 그 감각이 너무나 좋아서 독서가 더 간절해졌습니다. 평생 이렇게 책과 깊어지고 싶다는 생각을 했습니다. 단순히 가이드 일을 더 잘하기 위한 수단으로서가 아니라 독서를 위해 제 삶을 투자하고 싶다는 생각이 들었습니다. 한 달에 100만 원만 벌고 독신으로 살더라도 독서만 하면서 살면 좋겠다고 일기에 끄적이곤 했습니다.

질문을 던지기 시작했습니다. '어떻게 하면 생계에 필요한 만큼의 돈을 벌면서 평생 책을 읽으며 살아갈 수 있을까?', '책을 읽어야 하는 직업은 무엇이 있을까?' 그때 바로 떠오른 것이 '작가'였습니다. 글쓰기를 업으로 삼게 되면 필연적으로 책을 읽어야 하기에 제 이상에 가장 들어맞아 보였습니다. 상상만 해도 좋았습니다. 좋아하는 책을 읽으며 끊임없이 정신이 성장해 나가는 삶을 살아가는 것입니다. 1년에 한 권씩 책을 내면서 작가로서의 명성도 쌓으면서요.

그런데 한 가지 의문이 들었습니다. 이제 곧 30살이 되는 제가, 이제 갓 독서의 재미를 알게 된 제가 과연 작가가 되는 게 가능한 일일까 하는 의문이었습니다. 글도 타고난 재능이 있어야 쓰는 거라고 여겼으니까요.

'가슴 뛰는 꿈이 생겼다고 갑자기 평생 없었던 재능이 생기는 것도 아니잖아?'
'간절함이 밥 먹여주는 건 아니잖아?'
'독서가 나와 잘 맞는다고 그게 실력이 있다는 건 아니잖아?'

이런 생각들이 저를 괴롭혔습니다. 저처럼 아무런 재능도 타고나지 않은 평범한 사람이 작가가 되겠다는 꿈을 품는 게 과연 현명한 행동일까 싶었습니다. 곰곰이 따져보니 제대로 된 글을 써본 적도 없었습니다. 제가 써본 글이라고는 학창 시절 숙제로 낸 독후감과 기행문뿐이었고, 저만 보는 노트에 끄적인 일기뿐이었습니다. 이런 현실을 자각하고 나니 완전히 허황된 생각에 빠져 있었다는 걸 깨달았습니다. 이제 갓 축구공을 차보는 8살의 꼬마가 축구로 밥벌이하는 문제에 대해 생각하는 꼴이었습니다.

두려움이 몰려왔습니다. 수염을 덥수룩하게 기른 40대의 한 남자가 바퀴벌레가 나오는 골방에 박혀 엉덩이를 벅벅 긁으면서 아직도 작가 지망생이라고 일기를 쓰고 있는 10여 년 뒤의 모습이 떠올랐습니다. 아찔했습니다. 똑똑하게 판단하자고 되뇌었습니다. 이제 독서의 재미를 조금 알았다고 무작정 작가가 되겠다는 건 현명한 생각이 아닌 것 같았습니다. 남들보다 늦게 시작했으면 재능이라도 있어야 하는데 저는 재능, 경험, 지식 그 어느 것도 가진 게 없었습니다. 분홍빛으로 물들었던 상상 속의 미래가 갑자기 칠흑으로 변해버렸습니다.

그렇게 다시 현실을 직시하고 아무것도 하지 않았다면, 7년 후 지금 이 글을 쓰고 있는 저도 없었을 겁니다. 꺾여버린 희망에 다시 불을 지펴준 것 역시 책이었습니다. 당시에 제가 다시 꿈을 품는 데 가장 큰 도움을 준 책이 있습니다. 『1만 시간의 재발견』입니다. 지금까지도 제 인생 책으로 남아 있습니다. 책의 저자 안데르스 에릭슨 박사는 말합니다. "타고난 특성보다 노력의 양과 질이 중요하다"라고요. 비범하고 탁월한 결과물의 가장 중요한 요인은 바로 노력의 양과 질입니다.

물론 선천적으로 타고난 기질이 초기의 성과를 앞당길 수는 있습니다. 하지만 그 차이는 시간이 지날수록 흐릿해집니다. 비범한 성과는 올바른 연습 방법, 책의 표현을 따르자면 '의식적인 연습'을 얼마나 오랫동안 실시했느냐에 따라 달라집니다. 그리고 이런 성장 가능성은 나이와도 상관없습니다. 인간의 뇌는 성인이 되어서도 올바른 훈련을 통해 얼마든지 변할 수 있다는 것을 '뇌신경 가소성'이라는 용어를 들어 잘 설명해주고 있었습니다.

특히 이 책은 제가 새로운 분야의 책에 관심을 가지도록 해주었습니다. 저자는 올바른 연습 방법을 아는 것이 무엇보다 중요하다고 하면서, 그런 연습 방법을 스스로 개발하려면 우리의 '몸과 뇌에 변화를 유발하는 효과적인 요인'이 무엇인지 잘 아는 게 중요하다고 말했습니다. 그 말을 듣고 저는 뇌과학과 학습법에 관한 책을 먼저 읽어야겠다는 생각을 하게 되었습니다.

너무나도 궁금했습니다. 정말로 인간의 뇌는 성인이 되어서도 발달할 수 있는 것인지, 글쓰기에 아무런 재능이 없는 제가 후천적인 노력으로 글쓰기 재능을 기를 수 있는 것인지 알고 싶었습니다. 만약 그게 확실해진다면 시간이 얼마나 걸리든 작가라는 꿈에 도전하고 싶었습니다.

　뇌와 학습에 관련된 책들을 탐독하기 시작했습니다. 『뇌를 변화시키면 공부가 즐겁다』, 『작심』, 『재능을 만드는 뇌신경 연결의 비밀』, 『재능은 어떻게 단련되는가?』, 『탤런트 코드』, 『인간은 어떻게 배우는가?』 등 여러 서적들을 찾아 읽었습니다.

　이때의 독서가 제게 미친 효과는 지금까지도 이어지고 있습니다. **제 속에 자리 잡고 있던 '고정형 사고방식'이라는 암 덩어리를 완전히 제거해주었습니다.** 재능의 본질이 '노력의 결과'라는 것을 알게 되자 제 태도는 정반대로 바뀌었습니다. 어떤 도전이든 그게 나와 타인을 망치는 게 아니라면 도전할 가치가 충분하다고 생각하게 되었습니다. 노력은 우리 뇌에 새로운 지식과 기술을 불어넣어주기 때문입니다.

　작가라는 꿈을 가로막았던 문제가 완전히 해소되었습니다. 후천적으로 얼마든지 글쓰기 재능을 키울 수 있다는 확신을 얻었고, 그 꿈을 향해 달려가겠다고 다짐했습니다. 10년이 걸리든,

20년이 걸리든 상관없다고 생각했습니다. 물론 이왕이면 5년 정도 만에 이루면 참 좋겠다는 생각은 했지만, 당시에 제게 가장 중요한 문제는 '책 읽는 직업'을 가질 수 있느냐, 없느냐 하나뿐이었습니다.

　작가라는 꿈을 품은 지 7년이 지났습니다. 그동안 열심히 독서와 글쓰기 연습을 해왔습니다. 아직도 부족함이 많지만 이전과 비교했을 때 정말 차원이 다를 정도로 크게 성장했다고 느낍니다. 짧은 글 하나조차 어떻게 써야 하는지 몰라 쩔쩔매던 제가 긴 호흡의 글도 자신감을 가지고 쓸 수 있게 되었습니다. 이런 변화를 맞이할 수 있었던 계기가 바로 '성장할 수 있다는 태도'였습니다. 그리고 그런 태도를 가질 수 있게 해준 것이 책이었습니다.

3 책은 인생의 방향을 제시해주었다

　　스무 살이 되자마자 군대에 지원했고 빠르게 군복무를 마쳤습니다. 늦게라도 대학에 가는 게 좋을까, 아니면 일찍 돈을 벌까 고민하다가 제가 선택한 건 '돈부터 벌자'는 것이었습니다. 당시의 제게 행복한 삶의 기준은 더 많은 돈을 벌어 부를 쌓는 것이었습니다. 돈을 많이 가진 사람이 더 큰 행복을 누리게 되는 것이니까, 남들보다 늦게 대학에 가서 뒤처지는 것보다 일찍 돈을 모으기 시작해야 한다고 판단했습니다. 돈을 저축하는 동시에 투자를 해 최소 5억 원에서 10억 원 이상을 만들고, 빠르게 퇴직하는 계획을 짰습니다. 또래 친구들보다 인생을 앞서나갈 방법이라는 확신이 들었습니다.

이때부터 돈을 향한 여정이 시작되었습니다. 막노동, 보안요원, 전자제품 설치 기사, 콜센터 직원, 여행사 사진사 등 돈을 더 주는 곳이라면 따지지 않고 덤비면서 돈을 벌었습니다. 직업을 바꾸는 기준은 오직 '돈'이었습니다. 더 많은 돈을 약속하는 일이라면 무엇이든 좋았습니다. 일이 힘든 것도 상관하지 않았습니다. '이 일이 돈이 될까?', '이 사람이 내 돈벌이를 나아지게 도움을 줄 수 있을까?', '이 행동이 내 수익을 늘려줄까?' 이런 생각들로 가득한 20대였습니다.

돈을 거의 쓰지도 않았습니다. 밥은 고시원에서 제공하는 밥과 김치로 때울 때가 많았습니다. 제게 상을 주고 싶은 날에만 200원짜리 미니 김 한 봉지와 계란프라이 하나를 허용했습니다. 나중에 중국어 가이드에 도전한 것도 돈 때문이었습니다. 관광객에게 스냅사진을 찍어주는 일을 하다가 외국인을 상대하는 가이드가 돈을 잘 버는 것을 보고 난 다음이었습니다. 20대의 저는 돈밖에 모르는 사람이었습니다. 많은 돈을 버는 것만이 제 인생을 극적으로 바꿀 수 있는 유일한 방법이라고 생각했습니다.

그러다 스물아홉 살에 책을 읽기 시작한 것입니다. 한 권의 책이 완전히 제 인생의 방향을 바꿔주었습니다. 리처드 바크의 소설 『갈매기의 꿈』이었습니다. 조나단 리빙스턴은 특이한 갈매기였습니다. 대다수의 갈매기들은 그저 먹는 것을 해결하기 위해 비행했지만, 조나단은 비행하는 행위 그 자체를 좋아했습니다. 때론 먹는 것도 잊고 더 빠르게 비행하는 법에 대해 골몰하곤 했습니다. 이런 조나단의 특이한 행동은 갈매기 부족장의 심기를 불편하게 했고, 결국 부족으로부터 추방되고 맙니다. 추방되기 직전 조나단의 외침이 꼭 저에게 이야기하는 듯 제 귓가에 쩌렁쩌렁 울렸습니다.

"형제 여러분! 의미를, 삶의 더 숭고한 목표를 찾고 추구하는 갈매기보다 더 책임 있는 갈매기가 누구란 말입니까? 천 년간 우리는 물고기 머리나 쫓아다녔지만, 이제는 살아야 할 이유가 생겼습니다. 배우고, 발견하고, 자유로울 수 있게 되었습니다!"

살아야 하는 이유가 단순히 먹기 위해서가 아님을 절절히 외치고 있었습니다. 그동안의 제 모습을 돌아보게 되었습니다. 돈을 위해 모든 젊음의 에너지를 쏟아붓고 있는 한 사람이 있었습니다. 돈벌이에 도움이 되지 않으면 인간관계도 시간이 아깝다고 생각했습니다. 과거의 제 모습이 하나하나 떠오르면서 부끄러웠습니다. 돈과 상관없이 사람 대 사람으로 깊이 있는 인간관계를 가지자고 다짐했습니다. 돈만을 위한 직업이 아니라 제가 진정으로 좋아할 수 있는 직업, 의미 있는 가치를 창조하는 직업을 가지자고 마음먹었습니다. 오직 '돈'만으로 돌아가던 제 인생이 처음으로 더 숭고한 가치를 중심으로 돌기 시작했습니다.

『대학』의 한 문장도 제게 큰 힘을 주었습니다.

"군주에게 덕이 쌓이면, 유덕자들이 주변에 몰려들게 마련이고, 유덕자들이 모여들면 광대한 토지를 얻을 수 있다. 광대한 토지를 얻을 수 있으면 재화가 모이게 된다. 재화가 모이게 되면 의미 있는 사업들이 일어나게 된다. 그러기 때문에 덕이 근본이요, 재화는 말엽이다. 이 본말을 구분하지 못하여 근본을 밖으로 내쳐버리고 말단을 안으로 들여 소중히 하면, 백성을 다투게 만들고, 백성들이 서로 겁탈하는 것만 가르치는 꼴이 된다."

외부의 보상보다 내면의 가치를 추구하는 게 결국 더 큰 외부의 보상을 끌어들이는 역설을 알려주었습니다. 이 구절 덕분에 제 마음속 욕심을 더 잘 다스릴 수 있었습니다. 물론 인생을 살아가는 데 돈을 완전히 무시하며 살 수는 없습니다. 다만 돈만을 위해 살아가는 태도는 경계하자고 다짐했습니다. 책이 아니었다면 지금도 돈에 눈이 멀어 살아갔을지 모릅니다. 책은 돈밖에 모르던 저를 바꿔주었습니다. 돈 이상의 가치에 눈뜨게 해주었고, 나아가 새로운 인생의 방향을 설정하도록 도와주었습니다.

만약 책이 아니었다면
저는 지금도 제가 실제로 어떤 사람인지 알지 못한 채로,
좋아하지도 않는 것을 좋아한다고 착각하고,
편하지 않은 것을 편하다고 믿으면서 살았을지 모릅니다.

책은 생각의 질을 높여주었다

　　책이 우리에게 줄 수 있는 가장 궁극적인 혜택이 무엇이라 생각하시나요? 처음에 저는 '지식 제공'이야말로 책의 가장 큰 쓰임이라고 여겼습니다. 하지만 지금은 생각이 바뀌었습니다. 책은 우리 정신의 '사고 능력'을 높여줍니다. 이 사고 능력이야말로 우리가 인생을 더 멋지게 살아가는 데 중요한 핵심입니다. 지식은 도끼이고, 사고력은 도끼를 휘두르는 힘과 기술입니다. 도끼를 휘두를 힘과 기술이 없으면 도끼의 존재는 쓸모없습니다. 하지만 반대로 도끼는 없지만 휘두를 힘과 기술이 있다면 우린 다른 방법을 찾아서라도 나무를 넘어트릴 수 있습니다.

지식과 사고력도 똑같습니다. 지식은 있지만 사고력이 없는 사람은 지식을 삶에 어떻게 적용해야 할지 알지 못합니다. 오히려 지식 때문에 자신이 옳다고만 여기는 고지식한 사람이 되어버릴 수 있습니다. 하지만 사고력이 있는 사람은 다릅니다. 지식의 양이 적어도 사고력이 있기에 어떻게 지식을 삶에 적용할지 알고 있습니다. 그리고 한 개의 지식을 5배, 10배로 불릴 줄도 압니다. 하나를 보면 열을 아는 사람의 특징이 바로 사고력이 높다는 것입니다.

사고력은 '지식을 습득하는 속도' 또한 더욱 빠르게 만들어줍니다. 우리 정신에도 빈익빈 부익부 현상이 일어난다는 것을 들어보셨나요? 1년 차 독서가와 3년 차 독서가가 지닌 지식의 양 차이는 단순히 3배만 나지 않습니다. 3년 차 독서가는 3배를 훨씬 초과한 지식의 양을 보유하게 됩니다. 그 이유가 무엇일까요? 단순히 책을 읽는 속도가 늘어나기 때문일까요? 아닙니다. 생각하는 능력이 더 높아졌기 때문입니다. 속도는 생각하는 능력이 상승한 덕분에 나타나는 결과일 뿐입니다. 생각하는 능력이 높은 사람은 같은 책을 보더라도 뇌에서 더 많은 연결고리를 형성하게 되고 그만큼 지식을 습득하는 속도가 빨라집니다.

독서하며 성장하는 삶을 만들어갈 때 가장 강조하고 싶은 점이 이것입니다. 지식의 섭렵보다 '사고력 훈련'을 우선하는 게 결국 더 큰 성취를 얻게 한다는 것입니다. 그렇다면 사고력은 어떻게 훈련해야 할까요? 제가 실천했던 두 가지 방법을 추천해드리고 싶습니다. '독서 노트 쓰기'와 '철학 공부'입니다.

7년 전 본격적으로 독서를 시작할 때부터 독서 노트를 작성했습니다. 노트 쓰기의 효과를 미리 알고 시작한 건 아니었습니다. 일기를 쓰는 습관이 있었고 독서하며 얻는 생각들도 일기에 차곡차곡 남겨두고 싶은 욕심이 생겼습니다. 그런데 이걸 몇 달 진행해보니 제 사고력이 쑥쑥 성장하는 게 느껴졌습니다. 그때는 그 성취감이 너무나 좋아서 꾸준히 이어갔습니다. 그리고 나중에서야 그 이유를 알게 되었습니다.

독서할 때 우리는 지적 깨달음을 얻습니다. 알지 못했던 걸 알게 될 때, 잘못 알고 있던 걸 새 지식으로 바로잡을 때 지적인 희열을 느낍니다. 그런데 만약 그 깨달음을 머릿속 생각의 단계에서 끝내버리면 어떻게 될까요? **머릿속 생각은 강물처럼 끊임없이 흘러가며 변화합니다. 하지만 자신의 생각을 노트에 기록하는 순간, 흘러가던 강물을 붙잡게 됩니다.** 그 순간의 사유가 고정된 형태로 실체화되는 것입니다. 글을 쓰기 시작할 때는 무엇부터 써야 할지 잘 모르겠다는 생각이 들지만, 막상 무엇이든 쓰기 시작하면 자꾸 그다음 생각이 떠오르고, 또 다음 생각이 떠오르는 이유가 여기에 있습니다. 당장의 생각을 밖에 꺼내놓으면, 그 꺼내놓은 생각을 토대로 다음 생각을 할 수 있게 되는 것입니다.

성적이 좋았던 학생들을 연구해보니 '메타인지 능력'이 높았다고 말하는 시사 프로그램을 본 적이 있습니다. 메타인지 능력이란 '자신의 생각에 대해 생각해보는 능력'을 말합니다. 한 차원 더 높은 영역에서 자신의 생각을 분석하는 힘입니다. 독서 노트 쓰기는 이런 메타인지 능력을 높이는 최고의 방법입니다. 떠오른 생각을 자신의 노트에 남겨놓음으로써 자신이 남긴 생각을 더 깊이 들여다볼 수 있게 됩니다. 독서 노트 쓰기에 대한 구체적인 방법은 파트 2의 자료화 독서법에서 자세하게 소개해 드립니다. 메타인지 능력을 높여주는 효과적인 방법을 안내해 드리니 꼭 함께 실천해보시길 바랍니다.

사고력을 높일 수 있는 두 번째 방법은 '철학 공부'입니다. 저는 철학에 전혀 관심이 없었고, 그 중요성도 알지 못했습니다. 철학이란 철학자들만이 해야 하고, 할 수 있는 것이라 생각했습니다. 그런 제게 철학 공부의 중요성을 알려준 계기가 있었습니다. 박민영 문화평론가가 쓴 『책 읽는 책』의 한 구절이었습니다.

"사람이 독자적인 사유 능력을 가지고 있느냐 그렇지 않느냐는 독서의 양에 따라 결정되는 것이 아니라, 인문학 중에서도 철학 공부를 했느냐 하지 않았느냐에 따라 결정된다고 보아도 과언이 아니다. 철학 공부를 한 사람은 눈앞에서 펼쳐지는 여러 사회적 현상이 하나로 쭉 꿰이는 느낌을 받는다. 일이관지一以貫之의 지혜를 얻는 것이다. 이것이 바로 자신의 머리로 사유할 수 있는 지성인이 되고자 하는 사람이 철학서를 반드시 읽어야 하는 이유이다."

철학이란 "일이관지의 지혜를 얻는 것"이라는 말에 뒤통수를 한 대 얻어맞은 듯한 느낌을 받았습니다. 즉 어떤 책을 읽든, 사회적 경험을 하든 그것들이 나의 사유로 연결되느냐 아니냐를 결정하는 건 결국 내가 얼마만큼의 사고력을 가지고 있느냐에 달려 있습니다. 그리고 그 사고력은 철학 공부가 채워줄 수 있습니다.

여기서 말하는 철학 공부를 오해해선 안 됩니다. 철학 전공자처럼 철학이란 학문 자체를 분석하고 연구하는 시도를 해야 한다는 뜻이 아닙니다. 철학 연구는 전공자분들께 맡겨놓으면 됩니다. **우리가 사고력 증진을 위해 해야 할 철학 공부는 대중을 위해 쉽게 쓰인 철학서, 일상과 철학의 연결을 잘 풀어낸 철학서를**

찾아 읽는 것입니다. 최진석의 『인간이 그리는 무늬』, 줄스 에반스의 『철학을 권하다』, 야마구치 슈의 『철학은 어떻게 삶의 무기가 되는가』와 같은 책을 추천해드립니다. 다만 책을 선택하실 때도 본인에게 흥미롭고 쉽게 읽히는 글인지 도서관이나 서점에서 미리 확인해보시길 권해드립니다. 독서는 자신의 수준과 잘 맞는 책을 고르는 게 우선이니까요.

책 덕분에 제 생각의 질은 차원이 다르게 성장했습니다. 7년 전과 비교하면 완전히 다른 수준에서 생각할 수 있는 사람이 되었다는 것을 실감합니다.

가령 이런 것입니다. 저는 게임을 참 좋아합니다. 그래서 어떤 날은 독서도 운동도 미뤄버리고 하루 종일 게임만 하고 싶다는 생각이 들 때가 있습니다. 과거의 저였다면 쉽게 내면의 유혹에 넘어갔을 것입니다. '하루 종일 원하는 것을 하면서 잘 쉬어주는 것도 때론 중요하지'라고 합리화하면서요. 하지만 지금은 제가 읽었던 책들에서 떠오른 문장이 제 선택을 다시 생각하게 합니다. 영국의 저널리스트인 줄스 에반스는 『철학을 권하다』라는 책에서 "어떤 것이 주는 즐거움을 제대로 평가하려면 그것이 낳는 고통과 비교해야 한다"라고 일침을 가합니다. 특정 활동이 즐거움도 주지만 그와 함께 고통을 줄 수도 있다는 사실을 콕 짚어줍니다.

저에게는 바로 게임이 그렇습니다. 하루 종일 게임을 하면 매우 흥분되고 즐겁긴 하지만, 그런 하루를 보낸 후의 저는 언제나 저 자신에게 실망했습니다. 성장하기를 원하는 또 다른 제 자아가 고통받았습니다. 그래서 저는 게임을 하더라도, 오늘 주어진 나와의 약속을 먼저 지킵니다. 독서와 운동을 끝낸 다음에 게임을 하는 것입니다. 그러면 성장을 향해 나아가는 스스로에게 자부심도 생기고, 게임을 하면서 얻는 순간의 쾌락도 맛볼 수 있게 됩니다. 이렇게 철학서를 통해 얻은 작은 깨달음들이 제 일상의 여러 곳에서 영향을 끼치고 있습니다.

물론 아직도 갈 길이 멀다는 것은 알지만, 매해 한 걸음씩 성장하고 있는 저 자신을 볼 때마다 뿌듯함을 감출 수 없습니다. 책은 생각의 질을 높여줍니다.

책은 꿈의 직업을 찾게 해주었다

　　5년 전에 첫 책을 내고 한껏 들떠 있었던 것이 기억납니다. 처음으로 '작가님' 소리를 들었기 때문입니다. 꿈에서나 그리던 호칭이었습니다. 누군가 '작가님'이라고 불러줄 때마다 얼마나 기뻤는지 모릅니다. 왜냐하면 제가 독서로 이 세상과 연결될 수 있는 유일한 연결고리라고 여겼기 때문입니다. 사회적인 성공을 이루려면 구체적인 직업의 형태가 있어야 한다고 생각했습니다. 그게 저에게는 작가였습니다. 작가라고 불리는 것은 제게 이 세상에서 일할 자격이 있다는 허락과도 같은 일이었습니다. 그래서 작가라는 호칭에 더 많이 집착했던 것 같습니다.

그랬던 제가 지금은 바뀌었습니다. 이제 더 이상 '작가'라는 직업의 형태가 저를 규정할 수 없다는 생각이 들었습니다. 『다크호스』라는 책을 읽었기 때문입니다. 이 책이 강조하는 핵심은 직업을 먼저 찾는 게 아니라 자신의 내면의 울림이 향하는 일, 충족감을 주는 활동을 발견하라는 것이었습니다. 그리고 그 일을 좋아하는 수준에서 그치지 말고 더 우수한 수준으로 계발해 사회에서 판매될 수 있는 기술로 만들라는 것이었습니다.

보통 사람들은 직업을 얻기 위해 먼저 우수성을 채워 목표를 달성하고 그 후 언젠가 내면의 충족감을 얻을 거라 기대합니다. 하지만 이 책에서는 정반대의 길을 이야기합니다. 충족감을 먼저 추구하고 그다음에 우수성을 갖추라는 것입니다. 세상의 대다수 사람이 걷는 큰길이 아니라 자기만의 좁고 구불구불한 길을 걷는 방식을 제시합니다. 어느 날 혜성처럼 등장해 경주에서 1위를 차지하는 다크호스가 그렇게 했듯, 아무도 주목하지 않는 단련의 시간을 묵묵히 견뎌낸 다음 세상에 등장하라고 했습니다. 그러면 내면의 충족감도 얻으면서 결국 우수성도 얻게 되는 두 마리 토끼를 함께 잡을 수 있게 된다고요.

7년 전 가이드 일을 그만둔 이후로 저는 사회에서 제시하는 패러다임에서 멀어져 저만의 길을 걷고 있다고 여겼습니다. 그런데 이 책을 읽으면서 깨달은 건 겉모습만 조금 바뀌었을 뿐 제 안의 패러다임은 전혀 바뀌지 않았다는 것이었습니다. 작가라는 호칭에 집착하는 것도 아직 이 사회의 패러다임에 얽매여 있다는 방증이었습니다. 저는 이렇게 생각했습니다. 일단 우수한 성과를 만든 다음, 그 우수한 성과를 토대로 여유로운 시간을 얻고 좋아하는 일을 추구해야 한다고요. 직업 활동을 할 때 좋아하는 일에 대해 생각하는 것은 사치였습니다. 성공을 얻기 위해서는 내면의 행복 따위는 잠시 접어둘 줄 알아야 하고 싫어하는 일도 참고 인내할 수 있어야 인생 역전의 기회를 얻을 수 있다고 확신했습니다.

이 책 덕분에 저의 사고방식에 균열이 생겼습니다. 어두운 감옥 안에 갇혀 있던 제게 찬란한 빛 한 줄기가 비춰지며 문이 열리는 느낌을 받았습니다. 좋아하는 일을 추구할 때 오히려 더 큰 성공을 얻을 수 있다니요. 제가 그동안 너무나도 듣고 싶었던 말이었습니다. 저는 적극적으로 이 메시지를 받아들였습니다. 설령 이 방식이 저를 실패로 이끌더라도 괜찮다는 생각이 들었습니다. 대단한 성공을 얻지 못하더라도 좋아하는 일을 하며 후회 없이 살아가는 것이 더 행복한 삶이라 생각했습니다.

이제 '작가'라는 직업에 연연하며 우수성을 얻으려는 생각에 집착하지 말자고 다짐했습니다. 충족감으로 가득한 활동이 무엇일까 제게 질문을 던졌습니다. 그때 딱 떠오른 게 바로 '독서와 지적 성장에 대해 이야기하는 것'이었습니다. 저에게 커다란 변화를 만들어준 독서 활동을 널리 알리는 일을 해보고 싶어졌습니다. 독서를 통해 지적 사고 능력을 키우는 것이 삶에 얼마나 중요한지 말하는 사람이 되고 싶었습니다. 그게 글이 될 수도 있고, 영상이 될 수도 있고, 강의가 될 수도 있고, 사업 아이템이 될 수도 있는 것이었습니다.

지금 저의 직업이 뭐냐고 묻는다면 사회에 존재하는 직업의 형태로는 규정하기 힘든 것 같습니다. 글을 쓰는 작가일 때도 있고, 영상으로 소통하는 유튜버일 때도 있고, 강연가일 때도, 사업가일 때도 있습니다. 직업의 형태는 모두 제가 하는 일의 부분만을 나타낼 뿐입니다. 구태여 표현하자면, '지적 성장의 즐거움과 중요성을 알리고 그 방법을 알려주는 일을 하는 사람' 정도로 저의 직업을 표현해볼 수 있을 것 같습니다.

꿈이란 무엇인지 저만의 확신을 얻었습니다. 꿈은 구체적인 목표를 정하고 노력을 통해 달성하는 것이 아닙니다. **꿈이란 지금 이 순간 내면의 울림을 따라 걸으며 사회와 지속적으로 연결되면서 스스로 창조해 나가는 것임을 알게 되었습니다.** 사회에 이미 존재하는 모습일 수도 있고, 아니면 전혀 새로운 모습일 수도 있을 겁니다.

　책은 제가 꿈의 직업을 찾도록 도와주었습니다. 저를 고정관념의 감옥 안에서 벗어나도록 해주었고, 사회와 연결된 순간에도 제가 저로서 존재할 수 있는 멋진 길을 안내해주었습니다. 멋지긴 하지만 마냥 쉽고 편한 길은 아니었습니다. 많은 사람이 걷지 않는 길을 가는 데에는 더 많은 공부와 노력이 필요했고, 이렇게 가는 게 맞나 의심과 두려움이 들 때도 있었습니다. 하지만 책이 있었기에 용기를 낼 수 있었습니다. 제가 장애물에 부딪힐 때마다 책은 꼭 맞는 해법을 제시해주었으니까요.

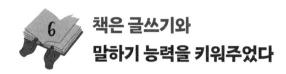

6 책은 글쓰기와 말하기 능력을 키워주었다

지적 성장의 중요성과 방법을 알리는 일. 평생 추구하고 싶은 저만의 활동을 찾았기에 처음엔 너무나 흥분했습니다. 하지만 그런 흥분도 잠시뿐이었습니다. 막상 무엇이든 시작하려 하니 제게는 아무런 기술이 없다는 것을 깨달았습니다. 영상으로 소통하려면 영상 기술이 있어야 하고, 글로 소통하려 해도 글 쓰는 기술이 있어야 했습니다. 말로 전하려면 말하기 기술이 필요한 것이고요. 새로운 꿈을 향해 도전하고자 하는 열정만큼은 그 어느 때보다 컸지만, 막상 아무런 실력도 없는 저의 현실을 인식하니 스스로가 너무도 작아 보였습니다. 그제야

의도가 좋다고 그 결과물 또한 좋을 수는 없다는 것을 깨달았습니다.

글과 말로 표현하는 능력부터 훈련하자고 생각했습니다. 글쓰기와 말하기가 기반이 되어야 영상을 만들든, 책을 내든, 강연을 하든 다양한 형태로 사람들과 연결될 수 있을 테니까요. 이번에도 역시 책의 도움을 받았습니다. 글쓰기와 말하기에 관련된 서적들을 탐독하면서 두 가지 능력을 높여줄 수 있는 여러 가지 훈련 방법들을 알게 되었습니다.

글 쓰는 능력을 훈련하는 데 가장 큰 도움을 준 책은 바버라 베이그의 『하버드 글쓰기 강의』였습니다. 이 책에서 정말 좋았던 건 글에 대한 두려움과 거부감을 제거하는 법을 알려주었다는 점입니다. 저자는 '프리 라이팅free writing' 기법을 통해 비판 의식을 잠시 꺼둔 채로 글과 친해지는 훈련법을 잘 안내해줍니다.

우린 어렸을 때부터 글에 대한 너무 많은 규칙을 학습하는 바람에 오히려 글과 친해질 기회를 잃고 글쓰기 근육을 기를 수 없습니다. 아직 한 번도 축구공을 차본 적 없는 아이들에게 축구공을 차는 완벽한 자세에 관해 가르치고 있는 것과 같습니다. 이리저리 뛰어놀면서 축구가 즐거운 활동이란 걸 알게 되고 그 다음에 하나씩 자세를 익혀가는 과정이 곁들여져야 축구의 즐거움을 잃지 않으면서 실력이 성장하는 재미도 느낄 수 있습니다.

글쓰기도 똑같습니다. 자기 글에 대한 비판 의식을 꺼놓은 상태에서 먼저 노트라는 운동장에서 이리저리 뛰놀아봐야 합니다. 그렇게 글쓰기 근육을 먼저 기른 다음에 좋은 글에 대한 규칙을 하나씩 배우면서 실력을 성장해 나가야 하는 것이죠.

이외에도 여러 책들과 만나면서 글쓰기 훈련을 했습니다. 손정의 『글쓰기와 책쓰기』를 통해서 글의 구성에 대해 알게 되었고, 고가 후미타케의 『작가의 문장 수업』을 통해 리듬감 있는 문장이란 어떤 것인지에 대해 배웠습니다. 박민영의 『인문내공』과 『김탁환의 쉐이크』를 읽으면서 작가로서 좋은 글감을 얻기 위해 어떤 독서를 해야 하는지도 깨달았습니다.

말하기 실력을 높이는 데에는 화술 관련 책이 큰 도움이 되었습니다. 안상헌의 『거인의 말』에서는 그림 그리듯 말하기를, 김미경의 『아트 스피치』에서는 청중과 공감하며 말하기를, 강헌구의 『단 한마디 말로도 박수 받는 힘』에서는 하고자 하는 말을 먼저 삶을 통해 살아내야 한다는 것을 배울 수 있었습니다.

말하기 관련 서적을 보면서 알게 된 한 가지 깨달음이 있습니다. 말하기도 결국 글쓰기의 연장선이라는 것입니다. 문자로 표현하면 글이 되는 것이고, 소리로 표현하면 말이 되는 것입니다. 물론 글만 쓴다고 말이 알아서 느는 건 아닙니다. 생각이 글로 전환되는 데에는 시간이 자유롭지만, 말로 전환되는 데에는 시간이 자유롭지 않습니다. 듣는 이들이 한없이 기다려주지 않기 때문입니다.

그러므로 말하기 실력을 높이려면 글로 쓴 내용들을 자주 말로 내뱉어보면서 '생각이 말로 전환되는 과정'이 더욱 편해지도록 만들어야 합니다. 제가 자주 활용한 방법은 책을 통해 알게 된 내용들을 기회만 되면 친구들 사이에서 이야기해보는 것이었습니다. 책에서 알게 된 내용을 자주 입 밖에 내다 보니 지식을 말로 표현하는 실력이 갈수록 늘어났습니다. 물론 이때에는 대화의 맥락에서 벗어나는 걸 조심하고, 오만한 태도 또한 피해야 합니다.

글쓰기와 말하기 훈련을 하면서 세상과도 지속적으로 연결되기 위해 애썼습니다. 훈련만 하면서 아무런 실행을 하지 않으면 결국 훈련의 쓸모도 없는 것이 될 테니까요. 여러 가지 시도를 했습니다. 매일 한 편의 글을 연재하는 '우기레터'도 발행해보고, 제가 고른 책의 해설집을 제작해 구독자분들께 보내드리는 '인생 책 프로그램'도 진행해봤습니다. 유튜브 영상과 라이브 강연을 통해 소통하기도 하고 독서 모임을 기획해 독서 토론을 해보기도 했습니다. 이런 실행의 과정들이 저의 글쓰기와 말하기 실력을 높여주는 데 큰 도움이 되었습니다.

책 덕분에 글쓰기와 말하기 실력을 높여왔지만 아직도 많이 부족합니다. 지금도 글을 어떻게 써야 할지 잘 모르겠고, 말하기는 더더욱 모르겠습니다. 하지만 분명한 건 과거보다 월등하게 나아졌다는 사실입니다. 한 문장도 쓰지 못해 백지 앞에서 답답해하던 제가, 라이브 방송을 하며 제 생각을 말하는 걸 상상도 못하던 제가 이제는 조금 더 용기를 내어 세상과 가까워질 수 있게 되었습니다. 아직 갈 길이 멉니다. 하지만 두렵지는 않습니다. 저를 성장하게 해줄 책이 제 곁에 가득 있기 때문입니다.

책은 먹고사는 문제도
해결해주었다

　　독서 주제의 유튜브를 시작하고 1년이 지났을 즈
음이었습니다. 돈에만 집착하던 과거의 삶을 뒤로 하고 내면의
성장과 좋아하는 일을 추구하는 새로운 삶을 살게 되어 너무나
행복했습니다. 매일 독서와 글쓰기도 마음껏 할 수 있으니 이게
바로 제가 원하던 삶이라는 확신이 들었습니다. 20대 때는 전혀
느껴보지 못하던 내적 충만감이 가득한 하루하루였습니다. 생
계에 대한 걱정은 하지 않았습니다. 모아둔 돈이 거의 다 떨어
졌지만 유튜브 수익이 조금씩 오르고 있었고 제가 진정으로 좋
아하는 일을 열심히 하기만 하면 돈은 알아서 벌릴 거란 확신을

가지고 있었습니다.

그때 제 머릿속을 가득 채우던 생각은 '돈은 절대로 신경 쓰지 말자'라는 것이었습니다. 돈, 돈 거리며 살았던 10년에 대한 반항심이었습니다. 돈보다 내면의 성장, 돈보다 가치, 돈보다 배움, 돈보다 사람, 돈보다 좋아하는 일…이라고 되뇌곤 했습니다. 그런데 정도가 지나쳤던 것 같습니다. 이러한 생각을 반복하다 보니, '돈은 전혀 중요하지 않고, 무시되어야 하며, 혐오스러운 것'이라는 생각이 제 마음속에서 서서히 자라났으니까요.

영상을 만들면서도, 글을 쓰면서도 돈에 관한 이야기를 한다는 건 제게 금기시해야 하는 것이었고, 돈에 관한 이야기를 해야 할 때면 '인생에는 돈보다 중요한 게 많다'라는 의견을 유일하게 낼 뿐이었습니다. 그때 저는 사업을 하면서도 제가 가진 상품을 홍보하는 게 두려웠습니다. 상품을 팔아서 돈을 번다는 것 자체에서 죄의식을 느꼈기 때문입니다. 누군가 돈을 주고 제 상품을 구매해준다니, 제가 꼭 그 사람들을 이용하고 있다는 생각이 들었습니다.

그때 저는 '비즈니스'라는 건 매우 나쁜 사기꾼들만이 하는 활동이라고 여겼습니다. 비즈니스 관련 서적들을 경멸했습니다. 비즈니스 책을 보면 인생의 진정한 가치를 소중히 여기는 저의 깨끗한 정신이 더럽혀진다고 생각했습니다. 지금 생각해

보면 너무도 편협한 사고에 갇혀 있었던 것이죠. 점점 생계가 힘들어졌습니다. 그래서 대출을 받았습니다. 그때까지만 해도 제 문제가 무엇인지조차 알지 못했습니다. 그때도 돈을 신경 쓰지 않고 꿈을 향해 나아가면 모든 게 해결될 거라고 생각했습니다. 대출로 잠시나마 시간을 벌긴 했지만 그 돈도 시간과 함께 금방 사라졌습니다.

이런 저를 바꾼 것 역시 책이었습니다. 『좋은 기업을 넘어 위대한 기업으로』의 저자 짐 콜린스는 "영속하는 위대한 기업들에 수익과 현금 흐름은 건강한 몸의 피와 물 같은 존재"라고 말했습니다. 물론 그것들이 기업의 핵심은 아니라고 말하면서요. 즉, 기업이 본질적으로 추구하는 가치는 아니지만 매우 필수적인 요소라는 것이었습니다. 그때 깨달았습니다. 돈보다 중요한 게 있다고 해서 돈이 중요하지 않은 건 아니란 것을요. 제 삶의 핵심 가치는 아니었지만 그 핵심 가치를 추구하기 위해 매우 필요한 존재가 바로 '돈'이었습니다.

돈을 버는 게 나쁜 게 아니란 생각을 하게 되자, 그제야 비즈니스 아이템들이 제 곁에 이미 많다는 것을 깨달았습니다. 그때부터 여러 가지 시도를 하기 시작했습니다. 온라인으로 진행하는 독서모임을 기획했고 전자책을 만들어 판매했으며 독서법 강의 영상도 제작했습니다. '돈벌이는 악이다'라는 생각 때문에 주저하고 있었던 일들을 하나씩 해나가기 시작했습니다. 돈의 중요성에 대해 명확히 알게 되었고, 돈에 관한 거부감이 사라지니 비즈니스 관련 서적에도 관심이 가기 시작했습니다.

비즈니스의 본질이 무엇인지 깨달았습니다. 저는 비즈니스란 가치가 없는 것을 있어 보이게 속여서 파는 기술이라고 생각했습니다. 그런데 그게 아니었습니다. 비즈니스는 자신이 가진 가치를 가장 필요로 하는 사람에게 제공해 '공헌하는' 행위였습니다. 고객에게 헌신하는 일이었습니다. '비즈니스'와 '사기'의 명확한 차이를 알고부터 비즈니스에 관한 혐오감과 두려움이 완전히 사라졌습니다. 비즈니스에 관해 알아갈수록 제가 그동안 얼마나 무지했었는지 깨달았습니다. 제가 얼마나 현실 감각이 없었는지도요.

과거를 반성하면서 비즈니스 관련 공부를 열심히 했습니다. 그렇게 얻은 지식을 제 사업 활동에 바로바로 적용했습니다. 그러니 그때부터 수익이 점진적으로 오르다가 올해 초부터 폭발적으로 늘기 시작했습니다. 한 달 만에 1억 원이라는 제 인생 최대의 경제적 성과를 달성했습니다. 7천만 원까지 쌓였던 대출 빚도 갚을 수 있었습니다. 이제 다음 달 카드 값과 세금을 걱정하지 않으면서 제 꿈을 향한 발걸음을 계속 이어 나갈 수 있게 되었습니다.

　이번에도 책의 도움을 크게 받았습니다. 책이 없었다면 돈에 관한 편견을 바꾸지 못했을 테고, 비즈니스에 관한 지식도 얻을 수 없었을 겁니다. 현실감 떨어지는 허황된 생각에 갇혀 눈앞의 현실을 부정하고 있었을 것입니다. 책은 돈을 지지리도 못 벌면서 돈이 중요하지 않다고 말하던 저를 송두리째 바꿔주었습니다.

책 덕분에 제 생각의 질은 차원이 다르게 성장했습니다.
7년 전과 비교하면 완전히 다른 수준에서
생각할 수 있는 사람이 되었다는 것을 실감합니다.

PART 2

'삶이 바뀌고
돈이 들어오기 시작했다'

내 인생을 바꿔준
자료화 독서법

"책을 열심히 읽으면 정말로 제 인생이 바뀔 수 있을까요?"

간혹 이런 질문을 받을 때가 있습니다. "반드시 바뀝니다! 책이야말로 우리 인생을 변화시키는 최고의 도구입니다!"라고 대답해드리고 싶은 마음이 굴뚝같지만 제 입에선 다른 말이 튀어나옵니다. "글쎄요….."

왜냐하면 독서를 그저 열심히만 한다고 삶의 변화가 알아서 찾아오지는 않기 때문입니다. 중요한 건 얼마나 '지혜로운 방법'으로 효과적인 결과를 만들어내느냐에 달려 있습니다. 그간의 독서 생활에서 저의 삶에 가장 큰 변화를 만들어준 요인 한 가지를 꼽아보라고 말한다면, 단연코 '자료화 독서법'을 이야기하고 싶습니다. 이 독서법이 없었다면 저는 책에서 배운 깨달음을 제대로 적용하며 살 수 없었을 겁니다.

'자료화'란 '자료를 만든다'는 뜻입니다. 책에 흩뿌려진 알맹이들을 발견하고 그것을 언제든 삶에 적용할 수 있는 '나만의 자료'로 만드는 독서 방법이 바로 '자료화 독서법'입니다. 과거 저는 많이 읽고 깨닫는 게 많으면 삶이 바뀔 것이라 생각했습니다. 물론 맞습니다. 아예 독서하지 않는 것보다는 낫지만 효과적이지는 않습니다. 삶의 성장이 매우 더디게 진행되기 때문입니다. 저는 이 문제를 자료화 독서법을 통해 해결했습니다. 독서하며 얻은 지식을 자료로 만들어 쉽게 접근할 수 있도록 하면 지식을 활용하는 게 쉬워집니다. 책의 내용을 기억하려고 애쓸 필요가 없어집니다. 언제든 활용할 수 있는 자료가 생기기에 책 속의 지혜가 내 삶에 직통으로 연결됩니다. 삶의 문제가 생길 때 바로 자료를 확인하고 적용할 수 있습니다.

파트 2에서는 먼저 자료화 독서법의 탄생 이야기를 소개합니다. 그리고 이어지는 2장부터 7장까지는 자료화 독서법의 핵심 구성 재료 6가지를 다룹니다.

자료화 독서법의 핵심 구성 재료	· 목적에 따라 책 선정하기
	· 훑기(속독)
	· 꼼꼼히 읽기(정독)
	· 수집하기
	· 주제별로 분류하기
	· 적용하기

이 6가지 핵심 구성 재료를 위의 순서 그대로 진행하면 '자료화 독서법'이 됩니다. 하지만 꼭 이 순서대로 진행할 필요는 없습니다. '재료'라고 표현한 이유가 여기에 있습니다. 각 재료들은 목적에 따라 순서가 바뀔 수도 있고, 때론 특정 재료가 생략될 수도 있습니다. 자료화 독서법의 가장 큰 장점이 여기에 있습니다. '사람을 방법론에 끼워 맞추는 게' 아니라 '방법론을 사람에게 끼워 맞추는 것'입니다. 그렇게 역동적으로 변화하는 독서 방법이 바로 자료화 독서법입니다.

그래서 8장에서는 목적에 따라 어떤 식으로 순서를 바꾸고 특정 재료를 생략할지에 대해 자세히 안내해드립니다. 각 재료들을 독서 목적에 맞게 개량하는 방법도 담았습니다. 모든 과정을 마친 후에는 이 자료화 독서법을 설계하는 최고의 스승을 소개해드리려고 합니다. 독자님들의 독서 능률을 높여줄 최고의 스승을 꼭 만나보시기 바랍니다.

　　자료화 독서법은 제 독서 활동의 '뇌'와 같습니다. 무작정 열심히 읽기만 하던 미련한 독서가였던 저에게 똑똑하게 책을 읽는 법을 알려주었습니다. 만약 이 독서법이 제 인생에 없었다면 지금의 저도 없었을 것이고, 또 앞으로 계속 성장해 나가는 저도 없을 것이라 확신합니다. 그저 이해하고 넘어가는 독서 방법에서 탈피해서 삶의 진정한 성장으로 이어지는 독서를 배워보셨으면 좋겠습니다.

자료화 독서법
탄생 이야기

앞서 말씀드린 것처럼 7년 전 저는 무작정 회사를 때려치우고 책만 읽어보겠다고 골방에 틀어박혔습니다. 성공하고 싶다는 열망이 너무도 강했습니다. 제 인생에서 가장 뜨거운 불이 제 안에서 타오를 때였습니다. 정말 책에 미친 사람처럼 독서에만 빠져 들었습니다. 1년간 하루 15시간 이상씩, 잠자고 씻는 시간 이외의 모든 시간을 독서에만 투입했습니다.

그 당시에는 제 미래의 성공에 대해서 그 어떤 의심도 하지 않았습니다. 이렇게 2~3년, 길게는 5년, 10년만 지속한다면 베스트셀러를 몇 권이든 뚝딱뚝딱 써내고, 현자들처럼 지혜의 말들을 쏟아낼 것이라 자신했습니다. 그런데 그 모든 기대가 부서져 버렸던 일이 있었습니다. 독서를 시작한 지 약 1년 반 정도가 지난 어느 날이었습니다.

오랜만에 존경하는 선배님들과 만날 기회가 생겼습니다. 모임을 나가기 전부터 잔뜩 기대했습니다. 제가 한창 가이드 일을 열심히 할 때 일에 대해 많은 조언을 해주셨던 분들이었습니다. 그런 분들께 제가 독서를 통해 얼마나 많이 성장할 수 있었는지 꼭 보여드리고 싶은 마음이 컸습니다. 모임 분위기는 제 예상에 딱 들어맞았습니다. 그날의 주인공은 바로 저였습니다. 독서에 빠지게 된 계기부터 책으로 인해 어떤 변화를 얻었는지 열심히 떠들었습니다. 다들 제 이야기에 관심을 가져주셔서 신이 났습니다. 책을 읽은 보람이 더욱 크게 느껴졌습니다. 제가 어려워하던 분들 앞에서 한층 성장한 모습을 보여드릴 수 있어 기뻤습니다. 또 제가 좋아하는 독서 활동이 얼마나 유익한지 전하며 성취감을 느꼈습니다.

그때 선배 한 분이 가장 좋았던 책 한 권을 추천해줄 수 있냐고 물어보셨습니다. 잠시 생각하다가 떠올랐던 책 한 권을 추천해드렸습니다. 그분이 꼭 읽어보겠다고 하시면서 그 책은 어떤 내용의 책이냐고 제게 질문하셨습니다. 매우 간단하고 자연스러운 질문이었습니다. 그런데 갑자기 머릿속이 하얘졌습니다. 제가 분명 그 책이 좋았다고 말했는데, 막상 왜 좋은지 설명하려니까 아무것도 떠오르지 않는 겁니다. 그래서 일단 그 상황은 넘겨야 하니까, "한번 읽어보시면 분명 좋다고 느끼실 거예요" 하고 화제를 다른 곳으로 돌렸습니다. 대답을 제대로 못했다는 아쉬움이 들긴 했지만 지금은 일단 잊고 현재의 만남을 즐기자고 생각했습니다.

자괴감이 밀려오기 시작한 건 집에 돌아온 다음이었습니다. 만남의 시간은 끝까지 너무도 즐거웠지만, 책에 대해 어떤 설명도 하지 못했던 그 순간이 제 뇌리에서 떠나질 않았습니다. 독서는 몹시 필요한 것이라고 친한 동생들에게도 자주 이야기하던 저였습니다. 그런데 간단한 책 설명조차 하지 못하는 스스로가 너무너무 싫어졌습니다.

제 방에 조용히 앉아 다시 제게 같은 질문을 던져봤습니다.

'그 책 내용이 뭐지?'

얼마 지나지 않아 확실히 알게 되었습니다. 제 머릿속에 남은 건 책을 읽을 때 느꼈던 깨달음의 기쁨뿐이란 것을요. 느낌만 남아 있었지 정작 본질인 책 속의 지식은 이미 머릿속에서 훨훨 날아가 버렸다는 사실을 깨달았습니다. 그때 얼마나 큰 자괴감과 회의감이 몰려왔는지 모릅니다. 1년 반 동안 200권 가까이를 읽었는데, 분명 이전보다 많은 것을 알게 되었다고 느꼈는데, 문제가 뭘까 고민하기 시작했습니다. 그러는 와중에 알게 된 중요한 사실이 있습니다.

책 읽는 행위만 중요한 게 아니라, 책 읽는 방법이 너무나도 중요하다는 것입니다. 좋지 않은 방법으로 3년 읽는 것보다 좋은 방법으로 3개월 읽는 게 더욱더 효과가 좋다는 것을 깨닫게 되었습니다. 제가 처음에 가졌던 독서를 향한 열정과 의지만큼은 너무도 대단했다고 생각합니다. 지금도 그때의 불타는 의지를 배우고 싶을 정도로요. 하지만 그때의 저는 매우 비효율적인 독서를 하고 있었습니다. 그냥 무작정 열심히 읽기만 한 거죠. 그때는 열심히만 읽다 보면 제 뇌가 알아서 쑥쑥 성장할 거라고 생각했습니다. 그게 착각이란 것을 깨닫게 되었습니다.

사실 모든 분야가 다 그렇지 않을까 생각합니다. 운동할 때도 최고의 자세를 익혀야 운동 수행 능력이 상승합니다. 아무 자세나 취하고 열심히 운동한다면 능력이 향상되는 게 아닙니다. 독서도 똑같다는 걸 깨달았습니다. 독서 고수들의 방법으로 책을 읽는 것과 무작정 맨땅에 헤딩하듯이 읽어대기만 하는 것은 천지차이라는 것을 알게 되었습니다. 그래서 제가 집중한 일이 있습니다.

"아… 독서 방법부터 찾자!"

열정과 의지만큼은 아직 사그라지지 않았던 때였습니다. 그래서 저는 하루 15시간씩 독서했던 무식함으로 조금 더 '지혜로운 무식함'을 발휘하기 시작했습니다. 그것은 시중에 있는 독서법 관련 서적들, 위대한 인물들의 독서법들을 모두 섭렵하겠다는 도전이었습니다. 도서관에 있는 독서 관련 서적들을 모두 읽어나가기 시작했습니다. 사서 보관해야 할 것 같다고 판단되는 책들은 돈을 아끼지 않고 구매했습니다. 그리고 중요 내용을 발췌하고 모으기 시작했습니다. 거인이 되려면 거인의 어깨 위에서는 법부터 알아야 한다는 생각에, 거인들의 지식들을 미친 듯이 수집하고 또 정리했습니다. 독서 관련 서적들만 500권 이상을 읽었고 200권 이상은 직접 소장하게 되었습니다.

읽었던 책들 중에서 더욱 중요하다고 여겨지는 책들은 몇 번이나 반복해 읽었습니다. 그리고 책을 통해 배운 독서법을, 저의 독서 과정에 다시 적용했습니다. 이 과정을 이어가면서 머리가 지끈지끈 아파올 때도 많았습니다. 특히 읽어도 읽어도 끝나지 않는 책들의 탑에 진절머리가 날 때도 많았고, 수집한 지식들이 과도하게 많아지면서 정리하기 버겁다고 느껴질 때도 많았습니다.

이런 시간을 보내는 것에 대한 회의감이 찾아올 때도 있었습니다. '이렇게 많은 지식을 내가 다 섭렵하는 게 과연 가능한 일인가?', '이렇게 해서까지 방법론을 익히는 게 맞을까?', '이게 다 헛수고로 끝나는 건 아닌가?' 이런 고통 가운데에서도 제가 멈추지 않고 이 일을 계속할 수 있었던 이유가 있었습니다.

이 과정이 꼭 '천직'이라고 느껴질 정도로 재밌있었습니다. 하루 종일 지식을 정리하는 건 때로 지루하고 고통스러웠지만, 그 고통을 잊어버릴 만큼의 즐거움을 느꼈습니다. 너무 지쳐서 이제 더는 못하겠다 싶은 생각이 들다가도 다음 날 아침이면 빨리 지식을 모으고 정리하고 싶다는 욕구가 샘솟았습니다. 다람쥐가 자기 보금자리에 도토리를 끊임없이 모으듯이 저도 딱 그런 모습이었던 것 같습니다. 저는 지식 수집 중독자였습니다. 독서법에 관한 지식을 모으고, 모으고, 또 모았습니다.

만약 지식들을 수집하고 쌓아놓는 것에만 그쳤다면 제 독서에도 큰 발전이 없었을 겁니다. 하지만 저는 거인들을 통해 배운 '자료화 방법'을 적용했습니다. 독서법 지식을 정리하는 데 그간 쌓아온 독서법 지식을 적용한 것입니다. 이 독서법은 이미 500년 전부터 지식계의 거장들이 활용해온 '지식 경영 카드 기법'으로부터 발전시킨 것입니다. 우리나라에선 다산 정약용 선생이 '초서 독서법'이라는 이름으로 자녀와 제자들에게 가르치셨고 이 독서법을 활용해 위대한 지적 성취를 이루셨습니다. 해외에도 있습니다. 현대의 마키아벨리로 불리는 『전쟁의 기술』, 『인간 본성의 법칙』을 쓴 로버트 그린 또한 이 지식 경영 시스템을 통해 지적 작업을 하고 있습니다. 독일의 사회학자 니클라스 루만 교수도 이 방법을 실행했습니다. 일본에서 '지의 거인'으로 불리는 다치바나 다카시도 활용하고 있습니다.

그렇게 거장들의 방법을 적용하니 몇 년간 모았던 지식들이 '자료화'되기 시작했습니다. 5,000개 이상의 작은 지식 덩어리들이 비로소 체계를 찾았죠. 공통적인 것들을 묶고 중요도대로 분류했습니다. 머리를 지끈거리게 만들던 정보들에 질서가 보이기 시작한 뒤부턴 자료화에 더욱 가속도가 붙었습니다.

처음 막무가내로 독서를 시작하고 6년이 지난, 2022년 중순! 드디어 제가 딱 원하던 저만의 체계적인 독서 방법론을 최종적으로 정리할 수 있었습니다. **이 독서법이 탄생한 이후로 제 일상의 성장과 창작 활동에는 가속도가 붙었습니다.** 현재 저는 영상 제작, 집필 활동, 온라인 강의, 전자책 제작, 상담, 강연, 사업, 인간관계에 이르기까지 제가 정리한 이 독서법을 전방위적으로 이용하고 있습니다.

이 자료화 독서법이 특히 좋은 점은 지금 시대 지식 리더들의 필수 소양을 자연스럽게 훈련해준다는 것입니다. 자료화 독서법의 각 요소들 속에는 '관찰 능력', '정보 분별력', '의사 결정력', '분류 능력', '구조화 능력', '문장 표현력', '창작력' 등 지식 리더들에게 필수적인 모든 사고 능력이 자동으로 성장하는 메커니즘이 포함되어 있습니다. 때문에 책을 통해 성장하고 자신만의 목표를 달성하고 싶은 모든 분에게 너무나도 추천해드리고 싶은 독서 방법론입니다. 이 독서법을 꾸준히 실행하는 것만으로도 자연스럽게 책 속의 지식이 우리에게 내재화되고 지식을 경영하는 기본기를 다질 수 있습니다.

저는 제 성장을 30년은 앞당겼을 거라고 확신합니다. 자료화 독서법을 활용해서 독서한 1달의 시간이, 독서법을 몰랐던 2년의 시간보다 더 나은 성과를 얻게 해주었습니다. 그리고 앞으로도 저의 내·외면의 성장은 더욱 가속화될 거라고 확신합니다. 독서의 즐거움을 만끽하는 것뿐만 아니라 경제적 성취를 가속화하는 데도 최고의 방법이라 자부합니다.

독자님들도 이 방법을 익히셔서 정말 효과적으로 독서를 하고 인생의 성장을 앞당기셨으면 좋겠다는 마음으로 이 글을 쓰고 있습니다. 저는 독서를 통해 지적 성장의 길을 걷고자 하는 분들이 더 많은 존경을 받고, 더 많은 돈을 벌고, 더 행복한 삶을 살도록 기여하고 싶다는 꿈이 있습니다. 독자님들이 이 독서법을 잘 익히셔서 우리 함께 인생을 행복하게 살아가면 좋겠습니다.

목적에 따라
책 선정하기

효과적인 독서로 향하는 내비게이션, 목적 인식

여러분들은 무엇을 목적으로 독서를 하시나요? 지금 이 책을 읽고 있는 이유는 무엇인가요? 지식을 얻기 위해서일 수도 있고, 동기부여를 받기 위해서일 수도 있습니다. 잠시 정서적인 안정감을 취하고 싶어서일 수도 있고요. 아니면 제 유튜브 영상을 보고 응원해주고 싶은 마음에 이 책을 선택하셨을 수도 있겠죠. (너무너무 감사합니다.) 목적이 무엇인지보다 더 중요한 게 있습니다. 스스로 그 목적을 인식하고 있느냐 하는 것입니다.

여행을 가면서 목적지 없이 떠나는 사람은 없습니다. 설령 공간적인 목적지를 잡지 않고 무작정 떠난 여행일지라도, 그 사람이 얻고자 하는 '정서적인 목적지'는 존재할 것입니다. 경쟁 없는 평화로운 느낌이라든가, 간섭 없는 자유로운 느낌이라든가 하는 것들 말입니다. 아니면 일상의 단조로움으로부터 떠나 시끌시끌한 분위기를 느끼고 싶을 수도 있습니다. 의식하든 의식하지 않든 우리에게는 어떤 행동을 하는 목적이 존재합니다. 스스로 독서하는 이유를 의식하지 못한다고 할지라도 분명 어떤 목적이 존재할 것입니다. 그렇지 않다면 즉각적인 재미를 느낄 수 있는 영상과 게임이 넘쳐나는 이 시대에 시간과 노력을 많이 들여야 하는 책 읽기에 에너지를 쏟고 있지 않을 것이라 생각합니다.

여행을 하든, 독서를 하든 중요한 건 자신만의 목적을 명확하게 인식하는 것입니다. 그래야 그것을 효과적으로 달성할 수 있습니다. 시끄러운 곳에서 벗어나고 싶어서 여행을 떠났는데 막상 찾은 곳이 시끌벅적하다면 여행이 더 큰 스트레스가 될 것입니다. 독서도 자신이 얻고자 하는 것이 무엇인지 명확히 인지했을 때 그 목적 달성에 필요한 책을 선정할 수 있습니다. 이게 바로 독서의 목적을 알고 있어야 하는 궁극적인 이유입니다.

그런데 목적 인식은 '해야 한다'고 느낀다고 바로 되는 간단

한 일이 아닙니다. 읽고자 하는 목적이 명확할 수도 있고 그렇지 않을 수도 있습니다. 목적을 제대로 알고 있다고 생각했지만 잘못 알고 있을 수도 있습니다. 저도 저의 독서 목적을 인식하지 못해서 책을 잘 선정하지 못했을 때가 있습니다. 목적을 모르니 방향을 잡을 수 없었습니다. 분야, 장르 불문하고 모든 책이 중요해 보여 무작정 사서 읽는 게 저의 유일한 독서 방법이었습니다. 베스트셀러라면 남들보다 더 뒤처지기 전에 읽어야 한다는 스트레스를 받았습니다. 사람들이 그 책을 읽었냐고 묻기 전에 제가 먼저 읽어둬야 한다는 강박을 느꼈습니다.

이렇게 목적 없이 강박만 가득한 독서는 저의 목적을 구체적으로 인지한 이후에 개선되었습니다. 제가 나아가야 할 방향을 알게 되니 어떤 책을 우선으로 읽어야 할지, 어떤 책은 뒤로 미뤄두고 천천히 읽어야 할지, 또 어떤 책은 과감히 읽기를 포기해야 할지 분명히 알게 되었습니다.

독서를 지속하게 하는 힘, 책 선정

목적을 인식한 후 중요한 건 책 선정입니다. 책 선정에 실패하면 독서는 실패할 수밖에 없습니다. 비즈니스에 관한 지식을 얻길 원하면서 추리소설을 읽고 있어선 안 되는 것이죠. 물론 그렇게 연결되지 않을 것 같은 분야 사이에서도 분명 쓸모 있는 지혜를 찾을 수도 있겠지만 공부 효과는 떨어질 수밖에 없습니다. 축구 실력을 높이기 위해 농구 연습을 하는 것과 같습니다. 무언가 간접적으로는 얻는 게 있겠지만 그 시간에 축구 연습을 하는 게 더 나은 길입니다.

목적에 맞는 책을 선별하기 위해서는 몇 가지 요소들을 점검해보아야 합니다.

책 선별 점검 사항	· 자신의 관심사 · 인생의 목표 · 공부의 목표 · 책의 난이도

먼저 자신의 관심사에 맞는 책을 골라야 합니다. 관심사에 맞는 책은 호기심을 가지고 알아가며 성장하는 즐거움을 선사합니다. 그리고 그런 성장의 즐거움이 있어야 독서를 지속할 수 있습니다. 제가 그 무엇보다 중요하게 생각하는 요소입니다. 아무리 저의 성장에 필요한 책처럼 보인다고 할지라도 전혀 즐거

움을 주지 못하는 책이라면 고민해봐야 합니다. 단기적으로 의지력을 가지고 읽을 수는 있겠지만 독서의 지속력을 떨어뜨린다는 점에서 주의해야 합니다.

그다음은 인생의 목표와 공부의 목표에 대해 탐구해보는 것입니다. '인생의 목표'는 '장기적으로 인생을 통해 이루고 싶은 성취'입니다. '공부의 목표'는 '단기적으로 지금 당장 집중해야 하는 지식'입니다. 인생의 목표를 깨달으면 공부의 목표도 더욱 구체적으로 정할 수 있습니다.

때론 인생의 목표가 모호할 수도 있습니다. 이때는 공부의 목표를 먼저 정하고 공부를 하면서 인생을 통해 어떤 것을 이루어야 할지 조금씩 탐구해볼 수 있습니다. 노트를 펼쳐서 자기 자신에게 먼저 질문해보시기 바랍니다. '내 인생의 목표는 무엇인가?', '그 목표를 위해 지금 당장 해야 할 공부는 무엇인가?' 물론 인생의 목표에는 정답이 없습니다. 목표를 정했다고 반드시 그렇게 살아야 하는 것도 아닙니다. 나중에 얼마든지 수정할 수 있습니다. 중요한 건 목표에 대해 질문하고 목표를 가지려는 태도입니다. 목표가 있어야 우리의 노력이 응집될 수 있습니다.

책의 난이도도 반드시 고려해야 합니다. 운동을 하든, 학습을 하든 효과적으로 훈련하려면 난이도 설정이 제대로 되어야 합니다. 너무 쉬운 과제는 무료함을 느끼게 합니다. 성취감을 느낄 수 없습니다. 반대로 너무 어려운 과제는 우리에게 좌절감을 안겨줍니다. 이 경우에도 당연히 성취감을 느낄 수 없습니다. 피하고 싶은 불편한 마음만 더 커집니다. 작은 성공의 경험을 지속할 수 있는 적절한 난이도의 과제가 중요합니다.

저는 한두 페이지 읽어보고 제 이해력이 조금이라도 따라가지 못하는 책이라면 바로 내려놓습니다. 독서의 효과를 떨어뜨리기 때문입니다. **제가 책을 통해 얻고자 하는 건 그 내용 속에 있는 깨달음입니다. 문장 해독 능력이 아닙니다. 그러므로 문장이 어렵다고 느껴지는 책이라면 일단 내려놓습니다.** 그 책을 완전히 포기해버리기 위해서가 아니라, 아직 제 수준이 그 책을 읽을 정도가 되지 않았기에 나중에 다시 읽겠다는 선택입니다.

물론 간혹 어려운 책에 도전해보고 싶은 욕구가 샘솟을 때도 있습니다. 이런 욕구는 독서의 내공이 생기면 자연스럽게 찾아옵니다. 이럴 때는 얼마든지 어려운 책에 도전해볼 수 있습니다. 하지만 이때도 성장에 대한 욕심이 독서의 능률을 떨어뜨리지는 않는지 주의해야 합니다.

관심사, 장·단기적 목표, 책의 난이도 등의 요소들이 최대한 나와 맞는 책을 찾아보시기 바랍니다. 물론 이때도 완벽한 책을 찾으려다가 독서를 미룰 필요가 없다는 점을 말씀드리고 싶습니다. 최대한 찾아보시고 지금 선택할 수 있는 최선의 책을 고르시면 됩니다. 책을 선별하는 실력도 경험과 함께 무르익습니다. 책 고르기에 성공한 경험, 실패한 경험이 두루두루 쌓이면서 점점 책을 더욱 잘 고르게 됩니다.

처음부터 완벽한 책을 선별하려고 할 필요는 없습니다. 중요한 건 목적에 맞는 책을 선정하려는 태도를 계속 유지하는 겁니다. 내 독서 목표에 맞는 책을 찾아야 책을 집필한 저자의 목적과 책을 읽는 독자의 목적이 딱 일치하게 되면서 독서의 능률을 극대화할 수 있습니다.

3 훑기
(속독)

스케치하듯 미리 책의 스포일러를 보자

다음 재료는 제가 '훑기'라고 부르고 있는 독서 방법입니다. '스케치 독서'라고 부르기도 합니다. 소위 말하는 '속독법'과도 비슷한 면이 있지만 목적과 방법이 다릅니다. 훑기는 5~20분 동안 빠르게 책 전체를 훑어보는 방법입니다. 그림 그리기 전에 스케치하며 밑그림을 그리듯이 자신의 뇌에 책의 대략적인 큰 그림을 그리는 과정입니다. 빠르게 훑어보면서 대체적으로 어떤 내용을 다루고 있고, 분량은 어느 정도이고, 시각 자료는 어떻게 배치되어 있는지, 마지막 결론은 무엇인지 먼저 머릿속에 각인하는 과정입니다. 빠르게 훑어보면서 핵심 내용이라고 판단되는 부분이 보인다면 그 페이지를 접어두거나 중요 대목에 색연필로 표시해두면 더욱 좋습니다. 구체적인 표시법은 뒤에서 더 다룰 예정입니다.

5분에서 20분 정도의 짧은 시간이지만 이 과정을 진행하는 것과 하지 않는 것은 독서의 효율 면에서 큰 차이가 납니다. 과거에 저는 책을 펼치면 처음부터 한 문장씩 순서대로 읽는 습관이 있었습니다. 영화 속의 숨겨진 반전을 스포일러로 먼저 봐버리면 영화가 재미없어지는 것처럼, 책도 먼저 뒷부분을 열어보면 책 읽기의 흥미와 성과가 떨어질 것 같다는 두려움이 있었습니다. 물론 소설 장르처럼 스토리에 대한 몰입이 필요한 책이라면 처음부터 순서대로 읽어갈 필요가 있습니다.

하지만 '자료화 독서법'은 '성장을 위해 책의 내용을 자료화하는 독서 방법'입니다. 순서대로 이어지는 스토리에 몰입하는 게 목적이 아니기 때문에 처음부터 한 페이지씩 꼼꼼하게 읽어나가지 않아도 됩니다. 오히려 미리 스포일러를 봐두고 자료화를 진행하면 자료화의 효과가 더 높아져 성취의 즐거움을 더 크게 얻을 수 있습니다. 훑기를 하면 더 중요한 정보가 어떤 것인지 어느 정도 감을 잡게 되기 때문입니다.

결론을 미리 봐두고 다시 책을 읽게 되면 저자가 나누고자 하는 핵심 주제를 인지하고 있기 때문에 중심을 잃지 않고 독서를 이어갈 수 있습니다. 책을 읽다 보면 책의 핵심 주제는 잊고 세부적인 내용에 휘말릴 때가 있는데 이를 미연에 방지하게 되는 것입니다. 또한 큰 그림을 가지고 읽어나가면 곁가지 지식들이 어떤 관계를 맺으며 큰 가지와 연결되는지 그 관계성을 더욱 면밀하게 들여다볼 수 있습니다.

이해보다는 파악한다는 감각으로

훑기를 하는 목적은 절대 '책을 제대로 이해하기' 위함이 아닙니다. 그러므로 편한 마음으로 저자가 하고자 하는 핵심 주제가 무엇인지 파악하겠다는 생각으로 하시면 됩니다. 그리고 전체적으로 이 책이 몇 개의 장으로 구성되어 있고, 각 장에는 어떠한 내용들이 펼쳐지고 있는지 큰 그림만 그려보면 됩니다. 이렇게 파악한 내용들은 기억할 필요도 없습니다. 훑어보며 '이런 식으로 진행되고 있구나' 정도만 인지하시면 됩니다.

이때 훑기 효과를 높이는 한 가지 꿀팁을 알려드리고 싶습니다. **제목, 책날개, 프롤로그, 차례, 각 장의 끝 부분, 에필로그를 조**

금 더 신경 써서 보는 것입니다. 왜냐하면 이렇게 책을 구성하는 요소들에 '핵심 주제'가 이미 나와 있을 가능성이 높기 때문입니다. 또한 친절한 저자라면 프롤로그와 차례에서 책의 구성을 잘 소개하고 있을 가능성이 높습니다. 어찌 보면 이 부분들만 잘 살펴봐도 훑기의 목적을 충분히 달성할 수 있습니다. 3분 정도 제목, 프롤로그, 차례만 봐도 책의 핵심을 파악할 수 있는 것이죠.

이렇게 훑기를 해두면 책에 대한 거부감을 제거할 수 있습니다. 예전의 저는 새 책을 펼쳐 보는 게 너무도 두려웠습니다. 펼치는 순간 그 속에 있는 지식들을 모두 익혀야 한다는 압박감을 느꼈던 것 같습니다. 완벽주의가 있어서 한 글자도 놓치지 않고 모든 것을 기억해야 한다는 스트레스를 받았습니다. 하지만 훑기 독서 방법을 알고 나서는 이런 완벽주의가 씻은 듯이 사라졌습니다. 빠르게 훑어봐도 독서의 성과를 해치지 않는다고 생각하니 안심하게 되었습니다. 오히려 독서 능률을 높인다는 것을 알게 된 이후부터는 더 적극적으로 훑기 시작했습니다.

정독할 책과 아닌 책 골라내기

훑기를 하면 좋은 점이 또 있습니다. 다음 재료인 '꼼꼼히 읽기'를 하지 않을 책들을 골라낼 수 있다는 것입니다. 책은 우리가 좋은 인생을 살기 위해 의지할 수 있는 최고의 스승이지만, 모든 책이 스승이 될 수 있는 건 아닙니다. **어떤 책들은 훑기만으로도 충분한 책이 있습니다.** 15분 정도 훑어보는 것만으로도 충분한 책이 있고 평생 두고두고 다시 반복해 읽어도 부족한 책이 있습니다.

훑기의 실력이 상승하면 짧은 시간 만에 '훑기만으로 읽기를 끝내야 할 책'인지, 뒤에서 소개할 '수집 단계'만 진행할 책인지, 아니면 '평생을 두고 반복해 읽으며 정리해야 할 책'인지 분별할 수 있는 능력이 생깁니다. 그러면 모든 책을 꼼꼼히 읽느라 시간을 낭비할 필요가 없게 됩니다. 중요한 책들은 '꼼꼼히 읽기' 과정으로 넘어가서 깊이 읽고, 덜 중요한 책들은 '꼼꼼히 읽기'를 건너뛰고 '수집' 단계로 넘어갈 수 있습니다.

리처드 코치의 『80/20 법칙』에서 이 세상의 모든 요소는 '80/20 법칙'을 따른다고 합니다. 80퍼센트의 성과를 만드는 게 전체의 20퍼센트 속에 숨어 있다는 것입니다. 핵심적인 소수가 큰 성과를 만드는 것이죠. 훑기 독서는 핵심적인 소수를 발견하는 데 엄청난 도움을 줍니다. 좋은 책을 선별할 수 있게 해줍니다. 또한 책 속의 중요한 소수를 발견하도록 도와줍니다. 짧게는 5분에서 길게는 20분 정도의 이 짧은 시간이 큰 차이를 만듭니다. 스케치를 해두고 그림을 그리면 더 정밀한 그림을 그릴 수 있는 것처럼 머릿속에 책의 전체 내용을 큰 그림으로 그려보시기 바랍니다.

저는 제 성장을 30년은 앞당겼을 거라고 확신합니다.
자료화 독서법을 활용해서 독서한 1달의 시간이,
독서법을 몰랐던 2년의 시간보다
더 나은 성과를 얻게 해주었습니다.

4 꼼꼼히 읽기
(정독)

자료화를 위한 '정독'은 다르다

　자료화 독서법의 세 번째 재료는 '꼼꼼히 읽기'입니다. '꼼꼼히 읽기'는 한 문장씩 읽어나가며 저자의 사유를 순서대로 따라가는 정독精讀과 비슷한 방법입니다. 하지만 일반적인 정독이 한 권의 책을 통째로 읽으며 책을 잘 이해하려는 목적을 가지고 있다면, 자료화 독서법의 정독은 자료화할 내용을 꼼꼼히 확인한다는 목적을 가지고 진행하게 됩니다. 나의 삶에 중요한 내용을 빠뜨림 없이 수집하기 위한 목적인 것이죠. 그래서 '책 전체를 이해하기 위한 정독'이 아니라 '자료화를 위한 정독'을 한다고 생각해주시면 됩니다.

자료화를 위한 정독은 어떻게 하면 될까요? 책을 한 페이지씩 읽으면서 중요하다고 느껴지는 페이지, 문단, 문장에 자신만의 표시를 남겨줍니다. 중요하거나 감명 깊은 내용에 밑줄을 긋고, 핵심 키워드엔 동그라미도 칩니다. 더 강조하고 싶다면 별표도 그려놓습니다. 또 반드시 발췌해야겠다고 판단이 드는 부분이 있으면 귀퉁이를 접어놓습니다. 여백에 간단한 메모를 남겨놓을 수도 있습니다.

이때 책을 빌려서 보시는 분이나 책에 직접 표시를 남기는 게 불편하신 분이라면 플래그나 포스트잇을 활용할 수 있습니다. 책의 귀퉁이 접기를 대신해 플래그를 붙여두고, 포스트잇을 붙여 메모나 표시를 할 수 있습니다. 그러면 책을 상하지 않게 하면서도 이 과정에서 얻고자 하는 똑같은 효과를 얻을 수 있습니다.

이렇게 자신만의 표식을 남기는 이유는 다음 단계에서 진행할 '수집하기' 과정을 위해서입니다. 표식을 보며 어떻게 '수집'할지는 뒤에서 설명해드리겠습니다.

나만의 표식을 만들자

여기서는 저만의 표시 방법을 몇 가지 더 공유해드리겠습니다. 이때 이 방법들을 꼭 똑같이 따라 할 필요는 없습니다. 예시 정도로 참고해주시고 가장 편하다고 느끼는 방식을 활용해주시면 좋겠습니다. 이런 저런 방법을 시도해보면서 자신만의 표식을 만들어 적용하시면 독서의 효과를 더욱 높일 수 있을 것입니다.

우기부기의 표식 방법

노란색 색연필 (혹은 형광펜)	중요하다고 판단되는 문장, 감명 깊은 문장
빨간색 색연필 (혹은 빨간 볼펜)	노란색 색연필로 밑줄 그은 부분에서 강조하고 싶은 키워드나 문장
파란색 색연필	연구 사례, 실험 결과
초록색 색연필	노트에 실제로 발췌한 문장
보라색 색연필	중요 인물들, 명언들
Q와 A 메모	질문(Q)과 답(A)

E와 R 메모	연구(E)와 결과(R)
별표	꼭 기억하고 싶은 문장
물음표	의문이 생기는 문장
느낌표	새로운 깨달음이 찾아온 문장

콧수염은 남성의 건강이라는 대화 주제를 자연스럽게 이끌어낸다. 누군가 갑자기 콧수염을 기르고 나타나면 사람들은 모두 호기심을 보인다. 갑자기 콧수염을 기른 이유가 무엇인지 궁금한 누군가가 먼저 이야기를 꺼낸다. 일단 콧수염에 대한 질문이 나오면 소셜 화폐에 해당하는 무빙버 운동을 설명해주고 동참할 것을 권할 수 있다. 해를 거듭할수록 콧수염을 기른 채 수업에 나타나는 학생들이 늘어나고 있다. 대의명분을 효과적으로 가시화한 덕분에 이 운동은 비교적 짧은 기간에 큰 성공을 거두었다. 만약 눈에 보이지 않았다면 이처럼 많은 사람들이 전립선암 재단을 후원하는 데 관심을 갖지 않았을 것이다.

제품을 사용하거나 아이디어를 적용하는 행동은 대부분 주변 사람들의 눈에 보이지 않는 곳에서 이루어진다. 직장 동료가 어

그렇다면 어떤 일이 발생한 직후에 사람들의 입에 오르내릴 수 있는 비율은 무엇일까? 동시에 그 비결이 여러 달이 지난 후에도 지속적인 입소문을 유지하는 방안이 될 수 있을까?

이러한 질문에 대한 답을 얻고자 버즈에이전트에서 시행한 캠페인 데이터를 즉각적인 입소문과 지속적인 입소문으로 분류했다. 제품의 종류와 입소문의 종류에 어떤 상관관계가 있는지 알아보고자 했다. A1

예상대로, 흥미로운 제품은 즉각적인 입소문을 유발한다. 이로써 1장에서 내린 결론이 또 한번 확인되었다. 흥미로운 화제는 사람들에게 호감을 주기 때문에 그 말을 한 사람의 이미지를 개선하는 효과가 있다.

그러나 흥미로운 제품에 대한 입소문은 시간이 흐르자 지속력 A2

2주 정도 지난 후 학생들이 눈치채지 못하게 다른 연구원을 내세워 새로운 실험을 시작했다. 대학생 대상의 공중보건 증진을 위한 슬로건에 대해 의견을 받는 실험이었다. 슬로건을 잘 기억할 수 있도록 글자 모양과 색상을 달리해 20번 이상 보여주었다.

한 그룹에는 '하루에 5가지 채소와 과일을 섭취해 건강한 삶을 누리세요'를 보여주었고 다른 그룹에는 '교내식당에 갈 때마다 식판에 5가지 채소와 과일을 담으세요'를 보여주었다. 두 슬로건 모두 과일과 채소를 많이 먹게 하는 데 목적이 있었지만 후자의 경우 슬로건에 식판이라는 단어를 슬쩍 넣어서 이것이 학생들에

122

에 대해 '식판'이 들어간 슬로건을 본 학생들은 대부분 그렇지 않다고 대답했다.

그러나 실제 행동을 분석한 결과는 전혀 딴판이었다. '건강을 누리세요'라는 슬로건을 본 학생들의 식생활에는 아무런 변화가 없었다. 그러나 '식판' 슬로건을 보여준 학생들은 교내식당에서 예전과 다른 행동을 보였다. 그들은 식판을 보는 순간 슬로건을 떠올렸고 과일 및 채소를 이전보다 25퍼센트나 더 먹기 시작했다. R

'식판' 슬로건이 계기로서 제대로 효과를 발휘한 것이 분명했다. 우리는 이 결과에 매우 흡족했다. 작은 식습관을 바꾼 것뿐이었지만 대학생의 행동을 원하는 방향으로 변화시켰다는 것은 자랑할 만한 일이었다.

그런데 한 동료가 이 연구결과를 듣고는 계기 개념이 더 중대한 사안에도 영향력을 발휘할지도 모른다는 생각을 품었다. 그가

수집
하기

       그다음 재료는 '수집하기'입니다. 꼼꼼히 읽기(혹은 훑기) 과정에서 미리 표시해둔 내용들 중 특히 중요한 내용들을 수집해 노트로 만드는 단계입니다.

    귀퉁이를 접은 페이지, 플래그를 붙여둔 페이지를 빠르게 펼칩니다. 그리고 중요 내용을 노트에 발췌합니다. 노트는 노션, 에버노트 등과 같은 PC 프로그램을 이용하셔도 좋고 손으로 직접 쓰는 종이 노트여도 괜찮습니다. 단, 종이 노트는 낱장이 분리 가능한 바인더 노트여야 나중에 '분류 작업'을 할 수 있습니다. 과거에 저는 20공 바인더 노트를 사용하다가 지금은 모든 작업을 PC '노션' 프로그램을 활용해 진행하고 있습니다.

자료를 이루는 몇 가지 정보들이 있습니다.

자료
구성 요소

· 자료의 제목

· 작성 날짜

· 서지 정보(책 제목, 저자, 출판사, 페이지 번호)

· 발췌문

· 발췌문에 대한 감상 혹은 반론

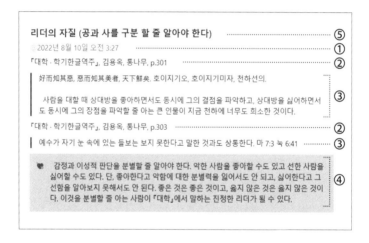

노션 프로그램을 활용해 자료화한 예시입니다. 저는 이 하나의 구성을 '지식 카드'라고 부르고 있습니다.

이 자료를 기입하는 순서대로 설명드리겠습니다. 책을 읽다가 좋은 구절을 발견하게 되면 노트의 위에 '제목'을 적을 한 칸을 마련해둔 상태로 아래에 ① '날짜'와 '시간'을 기입합니다. 날짜와 시간을 기입해두면 몇 달, 몇 년이 지난 다음에도 이 자료를 활용할 때 내가 언제 이 책을 읽었고 어떤 생각을 했는지 알 수 있습니다. 또한 아래처럼 이후에 추가적인 생각을 기록해두면 사유의 변화 과정을 한눈에 볼 수도 있습니다.

저는 '시간' 정보도 추가하고 있습니다. 시간까지 기록해두는 게 번거롭다고 생각하시는 분들은 날짜만 기입하셔도 충분합니다.

@2023년 4월 12일 오후 2:09

🖤 공과 사를 구분하는 게 참 쉽지 않은 것 같다. 인간관계를 하다가도 좋아하는 사람에게는 흐린 눈을 하게 되고, 싫어하는 사람은 사소한 실수마저도 더 크게 보인다.
타인을 감정적으로 판단하지 않는 사람이 되고 싶다. 협업을 하며 큰 일을 이루어 내려면 감정적인 판단을 넘어서서 명확한 판단력과 감정을 넘어서는 포용력을 가질 수 있어야 한다.
역사를 통해 배워야 한다. 역사를 보면 위대한 리더들은 싫어하는 사람일지라도 무조건 내치지 않았다. 공과 사를 구분할 줄 알았던 것이다. 좋아하는 사람들만 곁에 둔 왕들 곁에는 결국 간신들만 많아지게 되었다. 입에 발린 소리만 듣다가 제대로 현실을 바라보지 못하고 모두 패망하게 되었다.

날짜를 기입한 다음에는 ② 책의 '서지 정보'를 먼저 남겨줍니다. 대표적인 서지 정보는 '책 제목'과 '페이지 번호'입니다. 저는 '저자 이름'과 '출판사'까지 기입하고 있는데요. 나중에 집필을 하거나 영상을 제작할 때 빠르게 출처를 찾기 위해서 조금 더 자세하게 적어둔 것입니다. 개개인의 필요에 따라서 '책 제목'과 '페이지 번호'만 기록하셔도 좋고, 아니면 '판형'이라든가, '출간 연도' 등 저보다 더 많은 정보를 추가하실 수도 있습니다.

하지만 책 제목과 페이지 번호는 빠져선 안 됩니다. 나중에 해당 발췌문의 책 내용을 더 확인하고 싶을 때 이정표 역할을 해주기 때문입니다.

서지 정보 아래에는 ③ '발췌문'을 기록합니다. 책을 읽다가 새로운 깨달음을 주었던 대목, 감동을 주었던 사례, 기억하고 싶은 개념, 감동적인 문장 등 무엇이든 좋습니다. 중요한 내용을 직접 손으로 쓰거나 타이핑하게 되면 그 내용을 그냥 읽고 지나가는 것보다 더 깊게 음미하는 효과가 있습니다. 또한 언제든지 그 부분을 다시 읽으며 복습할 수 있습니다. 이렇게 자주 발췌하다 보면 책에서 중요한 대목을 선별하는 능력도 상승하게 됩니다.

때론 발췌할 때 답답함이 느껴지기도 합니다. 어떤 내용을 발췌할지 모르겠다는 답답함도 생기고, 어떤 내용을 발췌하려다가도 이걸 적어야 할지 말아야 할지 확신이 서지 않을 때도 있습니다. 하지만 이런 답답함의 과정을 통과하면 글의 핵심을 추려내는 실력이 쑥쑥 성장하게 된다는 것을 꼭 기억해주시기 바랍니다. 이 답답함이야말로 뇌가 정보를 분별하려는 과정 속에서 자연스럽게 느끼게 되는 감정입니다. 이 느낌과 조금은 친해질 필요가 있습니다.

다만, 간혹 모든 걸 발췌해야 할 것 같은 스트레스가 생기고, 발췌를 할지 말지 고민이 심해져, 독서의 능률이 도리어 떨어지는 경우도 있습니다. 이럴 때는 '이 문장은 너무너무 좋아서 꼭 발췌해야겠다!'라는 생각이 들 때만 발췌하시기를 권해 드립니다.

앞의 예시를 보면 저는 김용옥 선생의 『대학·학기한글역주』에서 사람을 감정적으로만 판단하지 않는 것의 중요성을 강조하는 구절을 발췌해보았습니다. 이 문장을 읽기 전의 저는 좋아하는 사람들에겐 '흐린 눈'을 하고 있는 저의 모습조차도 인식하지 못했었습니다. 하지만 이 문장을 통해 새로운 깨달음을 얻게 된 것이죠. 이렇게 저의 무지를 깨닫게 하는 문장 이외에도 다른 목적으로 발췌를 하는 경우도 있습니다.

ⓘ 2022년 8월 9일 오후 1:43

『통찰지능』, 최연호, 글항아리, p.114

어떤 분야에 대해 얕은 지식이 있는 사람이 자신의 능력을 과대평가하는 경향이 있는 반면, 유능한 사람은 자신을 과소평가하는 경향이 있다는 인지 편향 이론을 발표했다. '더닝-크루거 효과'로 알려진 이 편향에서... (중략) 우리나라에서는 더닝-크루거 효과가 나오기 훨씬 전부터 아래의 두 속담으로 이 커브를 설명하고 있었다. '빈 수레가 요란하다.' 그리고 '벼는 익을수록 고개를 숙인다.'

🐾 독서 2040일차다. 『통찰지능』을 읽고 있다. 더닝-크루거 효과에 대한 설명이 나왔다. 얕은 지식의 사람들은 자신의 능력을 과대평가하는 반면, 유능한 사람들은 자신을 과소평가한다고 한다. 이 부분을 읽으며 내가 딱 더닝-크루거 효과의 산증인이란 것을 깨달았다.
어떤 한 분야 안에서의 자신감은 3단계의 과정을 거친다. 처음에는 상승한다. 그리고 어느 순간부터는 하락하기 시작한다. 또 계속 밀어붙이다 보면 다시 상승하게 된다.
자신감이 넘치는 시기는 이제 갓 그 분야의 얕은 지식을 얻은 경우다. 그때는 아직 자신의 무지를 알지 못하기 때문에 자신감이 높다. 나도 중국어를 3개월 배웠을 때, 꼭 중국어를 마스터한 것처럼 자신감이 머리끝까지 치솟았다. 남들을 가르치려 들었고 나보다 중국어를 잘하는 사람 앞에서도 아는 체를 했다. 실제 중국인 앞에서 내 발음 좋지 않냐고 물었던 것을 생각하면 아직도 부끄러움이 몰려온다. 그런데 2~3년이 지나 실제 가이드 일을 할 때가 되니 오히려 자신감이 줄어들었다. 중국어 실력은 훨씬 늘었지만 그제야 나의 무지가 얼마나 큰지 깨닫게 되었다. 독서를 할 때도, 축구 연습을 할 때도 비슷했다. 배운지 얼마 안 되었을 때 자신감이 가장 넘친다. 내가 꼭 천재라도 된 양 최상급의 수준에 다다른 것 같은 착각에 빠진다. 우물 안 개구리처럼 세상이 얼마나 넓은지 모를 때다.

위의 노트는 '더닝-크루거 효과'라는 용어를 정리해두고 싶어서 해당 문장을 발췌했습니다.

ⓘ 2022년 11월 10일 오전 11:42

『끌림의 미학 카리스마 법칙』, 커트 모텐슨, 북허브, p.86

"우리는 자신을 믿어야 한다. 그렇지 않으면 아무도 우리를 믿지 않을 것이다._
로잘린 얄로우 Rosalyn Yalow

🐾 내용을 입력하세요

앞의 노트는 유명인의 명언이 좋아서 발췌한 문장입니다. 이런 식으로 발췌하는 이유는 너무도 다양합니다. 책의 핵심이기 때문에, 인생에 도움이 되는 지식이기 때문에, 그냥 감동적이어서, 나중에 인용하고 싶은 사례이기 때문에 등등 말이지요. 낚시를 해서 물고기를 잡듯이 책이라는 바다에서 지식의 물고기를 낚아보시기 바랍니다.

발췌문 아래에는 ④ 자신의 감상이나 반론을 적습니다. 이 부분은 비워둘 수도 있습니다. 책에 있는 정보들을 빠르게 자료화하고 싶을 때는 저도 개인 감상 부분은 비워두고 발췌문까지만 정리하곤 합니다. **하지만 이왕이면 자신의 기록을 남기는 게 가장 좋습니다. 기록 과정에서 우리 정신이 성장하기 때문입니다.**

책 속의 어떤 내용을 발췌하고 싶었던 이유가 분명 존재할 것입니다. 그 대목이 자신의 무지를 일깨워주었을 수도 있고, 궁금해하던 것에 해답을 주었을 수도 있습니다. 행동에 대한 동기를 불러 일으켰을 수도 있고, 낙담한 나에게 위로를 전해주었을 수도 있습니다.

그때의 감상을 짤막하게라도 남겨놓으면 그 과정에서 책의 내용을 더 깊게 이해하고 받아들이게 되는 효과가 있습니다. 게다가 한번 남겨놓은 기록들은 두고두고 큰 도움이 됩니다. 과거의 자신이 그 대목을 통해 무엇을 배웠는지, 어떤 생각을 했는지 확인해보면서 복습 효과도 얻을 수 있고 자신의 정신이 얼마나 성장했는지 피드백할 수도 있습니다.

때로는 공감이 아니라 '반론'을 남길 수도 있습니다. 자신의 생각이 책에서 주장하는 내용과는 조금 다른 이유를 적어보는 거죠. 그렇게 책의 내용과 '토론'하면서 사유가 또 한층 성장하게 됩니다. 또 책에서 주장하는 바를 발판 삼아 한 걸음 더 나아간 주장을 해볼 수도 있습니다. 자신의 생각을 기록으로 남기다 보면 기록하기 이전에는 하지 않았던 창의적인 생각들이 쏟아져 나오는 경험을 하게 됩니다. 그렇게 남겨놓은 나의 기록들은 내 삶을 성장시키는 귀한 자산이 됩니다.

마지막 순서로 ⑤ 처음에 비워둔 가장 윗 칸에 '자료의 제목'을 적어줍니다. 이 자료의 제목이 마지막 순서가 되는 이유는 '발췌'와 '기록'을 남긴 다음에서야 생각이 정리되어 제목을 적기 가장 편하기 때문입니다. (물론 제목을 미리 적으셔도 무방합니다.) 자료의 제목을 적는 이유는 나중에 전체 내용을 읽어보지 않아도 그 자료의 핵심 메시지를 빠르게 파악하기 위함입니다. 그러므로 발췌한 내용의 핵심을 짧은 한 문장으로 요약해주시면 됩니다.

저는 현재 디지털 노트를 활용하고 있지만 바인더 노트에 직접 손글씨로 쓰고 싶은 분들도 계실 수 있습니다. 이때 주의할 점이 있습니다. 작성하는 지식 카드 자료 두 개가 '종이 한 장'에 같이 들어가선 안 된다는 것입니다. 자료 두 개가 종이 한 장에 함께 들어가 있으면 나중에 분류 단계를 진행할 때 해당 종이를 찢거나 복사해야 하는 불편함이 생겨납니다. 자료화 독서법을 진행하려면 하나의 자료가 '독립적'으로 움직일 수 있어야 합니다. 그래야 추후 분류 과정에서 자유자재로 편집할 수 있습니다. PC 노트는 잘라내기와 복사, 붙여넣기가 가능해서 이런 점에서 자유롭습니다.

한 권의 책을 읽으면서 몇 개의 자료를 만들 수 있을까요? 최소 3개에서 많게는 30개 이상까지도 만들 수 있습니다. 수집하는 양은 책의 성격마다 달라지고 그 책이 내 삶에 필요한 내용을 얼마나 담고 있느냐에 따라서도 달라집니다. 그래서 앞에서 말씀드린 책 선정 과정이 매우 중요합니다. 목적에 맞는 책을 잘 고를수록 더 양질의 지식 자료들을 수집할 수 있습니다.

이때 자료의 양이 중요한 것은 아닙니다. 3~5개 정도의 자료를 만들었지만 인생의 전환점을 만드는 중요한 깨달음을 수집하게 될 수도 있습니다. 때로는 한 권을 읽으며 20개 이상의 자료를 만들었지만 자잘한 정보 위주의 지식들일 수도 있습니다.

물론 자잘한 정보라고 해서 그게 쓸모없다는 뜻은 아닙니다. 목적에 따라 쓰임새는 달라질 것입니다.

6 주제별로
분류하기

　　자료화 독서법의 다섯 번째 재료는 '주제별로 분류하기'입니다. 수집한 지식 자료들을 주제에 맞게 분류해 언제든 필요할 때 꺼내볼 수 있는 상태로 만드는 과정입니다. 자료의 양이 적을 때보다 많아졌을 때 조금 더 효과적으로 분류할 수 있습니다. 최소 6~70개 이상의 자료들이 모이게 되면 한눈에 보기 힘들 정도의 양이 됩니다. 여러 권의 책 내용이 담겨 있을 거고 주제도 다양할 것입니다. 자기계발, 심리, 인간관계, 비즈니스, 직무, 예술, 과학, 철학, 경제 등 각자의 취향과 필요에 따라 다양한 주제가 섞여 있겠죠. 이제 이것들을 자신의 목적과 필요에 따라 잘 분류해줄 필요가 있습니다.

'양'을 기준으로 노트 분류하기

일단 가장 많은 양을 차지하는 한 가지 분야의 자료부터 솎아냅니다. 제목과 발췌문을 훑어보면서 중복되거나 비슷한 노트들만 따로 뽑아내는 것이죠. 가령, 비즈니스 방법에 관한 내용이 가장 많았다면 '비즈니스' 관련 자료들만 빠르게 솎아주는 것입니다. 여기서 새로운 노트 하나를 만들어줍니다. 비즈니스 자료들만 모이게 되는 '비즈니스 지식 노트'입니다. 앞에서 책과 주제에 상관없이 모으기만 했던 노트가 '수집 노트'라면, 수집 노트에서 분류된 비즈니스 노트들만 이곳에 모이게 됩니다.

이제 그다음으로 많은 양의 주제를 솎아내고 새로운 노트를 또 만들어줘야겠죠. 이 과정이 반복되다 보면 점차 A, B, C, D, E…. 이런 식으로 자신이 가장 관심 있거나 필요로 하는 주제의 순서대로 노트들이 정렬되고 만들어지게 됩니다. **이렇게 만들어진 노트는 삶의 중요도를 나타내주기도 합니다. 자신이 그만큼 더 중요하다고 여겼기 때문에 더 많은 양의 자료가 모인 것입니다.** 또한 중요도가 높은 A, B 노트에는 이후에 추가되는 지식의 양도 나날이 더욱 많아집니다. 저 같은 경우는 '자기계발'과 '독서법' 관련 노트들에 가장 많은 자료가 있습니다. 물론 중요도가 높은 노트도 언제든 바뀔 수 있습니다. 인생을 살다 보면 관심사와 필요한 지식이 바뀌게 될 수 있으니까요.

그런데 D 노트, E 노트, F 노트⋯. 이렇게 새로운 주제들이 나오는 대로 계속해서 새 노트를 만들어줘야 할까요? 아닙니다. 새로운 주제의 자료가 생기는 대로 자꾸만 노트를 만들어주게 되면 관심사가 늘어나는 수만큼 노트들이 생성될 것입니다. 그러면 오히려 노트들만 많아져서 관리하기가 힘들어집니다. 배보다 배꼽이 더 커지게 될 수 있습니다. 그래서 양이 많은 노트들만 지식 노트로 만들어주고 아직 충분한 양이 쌓이지 않은 노트들은 따로 하나의 노트에 빼둡니다.

저는 이 노트를 '언젠가 노트'라고 부르고 있습니다. 언젠가 충분한 양이 모일 때까지 기다림을 가지는 노트인 것이죠. 가령, 언젠가 노트에는 '운동 자료 4개, 음악 자료 5개, 경제 자료 2개' 이런 식으로 여러 주제들이 모여 있습니다. 이 노트 안에서 주제별로만 분류해두고 언젠가 특정 주제가 많아져 충분한 양이 쌓이면 그때 이름을 붙여 노트를 만들어주면 됩니다.

제가 이전에 활용하던 바인더 노트입니다. 약 3년 전에 썼으며 노션 프로그램을 이용한 뒤로는 현재 사용하고 있지 않습니다.

아래는 노션 프로그램으로 만든 자료화 노트로, 현재 저의 가
장 큰 분류 체계입니다.

우기의 지식공방

↰ 1개의 백링크

🔥 부와 성공에 대한 모든 것 (성공철학, 성공법칙)
📖 독서 지식체계
📖 글쓰기, 집필 지식체계
🔑 인문고전 공부 지식카드
❤️ 심리학
🧠 뇌과학
📙 외국어 공부법 지식체계
📙 인간관계, 사회지능, 리더십, 코칭, 설득의 기술
📙 스피치

이렇게 주제별로 정리해두면 그 주제의 내용이 필요할 때마다 언제든 접근 가능한 지식의 연결 통로가 탄생하게 됩니다. **기존의 책이 저자의 기준으로 집필되었다면 '자료화 노트'는 나의 기준으로 만들어진 유일무이한 책입니다.**

옆은 저의 '자기계발 성장법칙' 자료화 노트와 '비즈니스 성공법칙' 자료화 노트입니다. 각 메뉴 속에는 또 여러 가지 소주제들이 있고, 그 소주제 속에는 책을 읽으며 발췌한 지식 카드들이 정리되어 있습니다. 언제든 필요할 때마다 꺼내 쓸 수 있는 저만의 보물 창고라고 할 수 있습니다. 게다가 독서의 연차가 늘어날수록 이 지식 노트도 더 체계적으로 진화해 제 인생의 성장과 함께하게 됩니다.

손글씨를 좋아하시는 분들은 바인더로 만드셔도 좋고, 그렇지 않다면 노션이나 에버노트와 같은 프로그램을 활용하셔도 좋습니다. 중요한 건 꾸준히 분류하며 발전해 나가는 시스템을 가지는 것입니다.

자기계발 성장법칙

> 💡 자기계발 성장법칙은 "인풋"에 집중해 자신을 성장시키는 전략들, 비즈니스 성공법칙은 "아웃 풋"에 집중해 타인과 연결되는 전략들

▸ ◆ 성장 법칙 : '인생의 주도력'을 가져라. 주도하는 삶 (주도력, 외부 탓하지 않기, 낙타에서 사자로, 자유, 각본, 매트릭스 벗어나기, 의도성의 법칙, 반항심, 소수의 길, 대다수는 옳지 않다, 인생의 주인, 주체적인 삶)

▸ ◆ 성장 법칙 : 자신의 몸을 닦는 것이 1순위다, 기본기를 익히는 게 1순위다 (수신, 자기경영, 자기계발, 기본기)

▸ ◆ 성장 법칙 : 탁월한 성공은 반드시 '성장 전략'이 있어야 한다. 최종단계까지 치밀하게 설계된 '성장 테크트리'가 있어야 한다 (치밀한 전략, 성장 계획, 성장 공식, 인생 설계, 비즈니스 설계, 설계도, 부자 공식, 유통의 기술, 마케팅, 상품을 고객에게 전달하는 기술)

▸ ◆ 성장 법칙 : 학습을 설계하라. 자신만의 수련기를 만들어라. (수련기, 자기 수련 프로그램, 학습 설계, 인생 공부 계획, 공부의 순서, 공부 설계)

▸ ◆ 성장 법칙 : 자신이 잘하는 방식, 나만의 전략을 찾아라 (나만의 성장 전략, 천성적 기질, 훈련된 방식)

비즈니스 성공법칙

> 💡 자기계발 성장법칙은 "인풋"에 집중해 자신을 성장시키는 전략들, 비즈니스 성공법칙은 "아웃 풋"에 집중해 타인과 연결되는 전략들

▸ ◆ 비즈니스 성공법칙 : 성공의 원리를 이해하라. 자기만의 성공의 기준을 설정하라 (성공 원리, 성공 기준)

▸ ◆ 비즈니스 성공법칙 : 내 분야에서 최고가 되어라 (탁월함 추구, 최상화, 분야 내 최고, 1류 전문가 되기, 브랜드, 필살기, 강점 경영, 사례 모으기, 명성, 유일한 존재, only one, 전문 분야, 혁신)

▸ ◆ 비즈니스 성공법칙 : 지는 싸움은 하지 마라, 지식 없는 용기는 실패를 낳는다 (병법, 이기는 싸움 하기, 근거 있는 도전, 요행 바라지 않기)

▸ ◆ 비즈니스 성공법칙 : 내 것을 지킬 줄 알아야 한다 (공로 지키기, 공 집중의 법칙, 양보는 그 다음이다, 사업해야하는 이유)

▸ ◆ 비즈니스 성공법칙 : 부자가 되려면 '부자의 방법'으로 일해야 한다. 극단의 세계에서 일해야 한다. (돈나무 시스템, 디지털 콘텐츠, 무형자산, 지적 자산, 한계가 없는, 무한복제 가능한 사업, 무제한적 판매, 극단의 세계, 우물 이론, 추월차선, 슬로프 이론, 지식 사업, 부의시스템, 부자시스템, 부의 시스템,

1 적용
하기

그다음 재료는 자료화한 내용을 '일상에 적용하
는 것'입니다. 이미 자신의 삶에 필요한 지식들을 자료화해두었
기 때문에 일상에서 필요한 순간에 꺼내보기만 하면 됩니다. 언
제 내 자료들을 활용할 수 있을까요? 삶에 어떤 문제가 봉착했
을 때, 언제든 이 자료를 활용할 수 있습니다.

과거 저는 어떤 문제가 생기면 혼자서 고민하거나, 남들에게
물어보거나 아니면 필요한 책을 찾아보곤 했습니다. 이런 식의
문제 해결 방식은 한계가 뚜렷했습니다. 혼자서 고민하는 것은
명쾌함보다는 답답함을 느끼게 했고, 남들에게 물어보는 것도

만족할 만한 대답을 얻는 경우가 많지 않았습니다. 필요한 책을 찾아보는 게 도움이 될 때도 있었지만 당장 해답을 던져주는 책을 찾기가 힘들었고 시간도 오래 걸렸습니다.

평생 나를 돕는 인생의 해답지

하지만 자료화 노트를 만드는 습관이 생기고 어느 정도 자료가 축적된 이후부터는 완전히 달라졌습니다. 이제는 일상의 모든 문제를 '나만의 지식 노트'를 통해 해결하게 되었습니다. 습관을 들이는 것에 자꾸만 실패해 낙담해 있을 때 습관에 관해 모아놓은 자료들을 확인하고서 제 문제점이 무엇인지 알 수 있었고, 어떻게 해야 개선할 수 있는지 지침까지도 얻을 수 있었습니다.

또 단순히 방법만 알고 끝나는 게 아니라 습관에 관련된 여러 가지 명언과 성공 사례들을 읽으며 더 큰 동기와 열정도 얻을 수 있었습니다. 지식 사업을 하다가 문제에 부딪혔을 때도, 인간관계를 고민할 때도, 독서 활동이 슬럼프에 빠졌다는 생각이 들 때도 모두 저의 지식 노트들이 명쾌한 해답과 길을 제시해주었습니다.

자료화 노트를 만들고 활용하는 건 책 속의 현자를 내 삶의 현장에 불러와 나를 돕도록 만드는 것과 같습니다. 과거의 내가 현자들과 함께 보냈던 그 시간들이 그냥 없어지지 않고 그대로 나를 찾아와 현재를 도와주는 것입니다.

게다가 이 자료화 독서가 너무나도 좋은 점은 단 한 번의 도움만 주는 게 아니라 두 번, 세 번 평생에 걸쳐 끊임없이 도움을 준다는 것입니다. 저도 이 과정을 통해서 인간의 성장은 단 한 번의 깨달음으로 얻을 수 있는 게 아니라, 어떤 메시지를 깨닫고 잊고 깨닫고 잊는 과정 속에서 더욱 단단해진다는 걸 알게 되었습니다. 자료화 노트는 이런 성장의 과정을 돕는 최고의 무기입니다.

창작 활동의 강력한 무기

자료화 노트는 창작 활동을 할 때도 강력한 무기가 됩니다. 노트 속 모든 내용이 창작의 재료가 됩니다. 블로그 글쓰기, 유튜브 영상 제작, 카드뉴스 제작, 책 집필, 온라인 강의 제작 등 모든 생산 활동에서 양질의 콘텐츠를 무한대로 생성할 수 있습니다.

게다가 이 자료들은 이미 활용 가능한 상태로 최적화되어 있기 때문에 따로 손질하는 과정이 많이 필요하지도 않습니다. 물고기에 비유해보면, 낚시한 물고기를 그대로 냉동고에 넣는 게 아니라 언제든 요리할 수 있도록 잘 손질한 상태로 냉동고에 넣어둔 것입니다. 요리 레시피만 있으면 바로 요리를 시작할 수 있는 상태죠. 그뿐만 아니라 지식은 오래 두어도 썩지 않습니다. 그 깊은 가치가 오히려 숙성돼 더욱 값진 정보로 돌아오게 됩니다.

저도 저의 모든 창작 활동에서 이 독서법을 활용하고 있습니다. 유튜브 영상을 만들 때도, 에세이를 쓸 때도, 지금처럼 책 집필을 할 때도, 강연을 준비할 때도 자료화 독서법의 도움을 많이 받고 있습니다. 제가 온라인 사이트에서 진행하고 있는 '자료화 독서법 마스터클래스' 강의안도 자료화 독서를 했기에 기획하고 구성할 수 있었던 겁니다.

쌓일수록 아이디어가 폭발한다

자료화 독서 과정을 이어가다 보면 수많은 아이디어가 생성되는 경험을 하게 될 것입니다. **지식 창고에 여러 가지 지식과 깨**

달음들을 계속 축적하다 보면 그 자료들이 서로 만나 화학작용을 일으키게 됩니다. 그 과정에서 새로운 혁신적인 아이디어가 탄생합니다. 역사 속 창의적인 발명가들이 끊임없이 노트에 무언가를 기록했던 이유가 여기에 있습니다. 자료화 독서는 삶의 성장과 창작 활동 모두에 도움이 되는 '독서가들의 최고 무기'라고 확신합니다.

다만 이것도 어느 정도의 축적된 노트가 있어야 가능합니다. 그래서 저는 '자료화 습관'을 가장 강조합니다. 얼마나 부지런히 자료화해두었느냐에 따라서 일상에서 활용도는 천차만별로 달라집니다. 자료 100개가 모였을 때와 1,000개가 모였을 때의 활용도 차이는 10배의 차이가 아닙니다. 100배 이상의 차이가 납니다. 지식은 모이면 그 지식 간의 관계성 속에서 새로운 지식이 창조되기 때문입니다. 모이면 모일수록 그 효과는 기하급수적으로 커집니다.

저 같은 경우는 독서에 관련된 지식 노트만 5,000개 이상이 모여 있고, 자기계발에 관한 지식 노트는 1만 개 이상, 비즈니스에 관한 지식 노트는 3,000개 이상이 모여 있습니다. 이 지식 노트들이 있었기에 저의 독서가, 자기계발이, 비즈니스가 나날이 성장할 수 있었습니다.

자료화 습관을 꾸준히 이어가시기 바랍니다. 누구에게나 일관된 목표를 제시하는 것을 좋아하지는 않지만(저는 구속이 싫습니다), 처음 습관을 기르는 단계에서는 '하루 3개 자료 만들기'를 목표로 삼아보시길 바랍니다. 어떤 분야든 처음 습관을 들일 때는 지속력이 어느 정도 자동으로 생성되기 전까진 '최소한의 압력'이 필요합니다. 하루 3개 만들기를 일종의 압력으로 삼고 습관화해보시기 바랍니다.

제 경험상 자료 3개 만드는 데는 짧게는 15분이면 가능합니다. 물론 길어질 때는 1시간 정도 걸리기도 합니다. 어떤 책을 고르느냐에 따라서, 어떤 내용을 발췌하는지에 따라서 달라지기는 하겠지만 30페이지 정도만 읽어도 자료 3개를 만들 수 있습니다. 또 어떤 책은 한 페이지만 읽어도 자료 3개 이상을 만들 수 있습니다.

이렇게 하루에 자료 3개 만들기를 습관으로 하면 1년이면 1,000개의 자료들이 모이게 됩니다. 1,000개의 자료가 모여서 우리 삶의 성장을 돕는다고 상상해보시길 바랍니다. 삶이 자료화 노트를 통해 변화되고, 또 변화된 나로 인해 자료화 노트는 더욱 양질의 노트로 발전합니다.

이 효과를 맛본 사람들은 더 이상 동기부여를 하지 않아도 됩니다. 스스로 그 재미와 성취감을 맛보았기에 누가 시키지 않아도 알아서 자료를 모으게 될 것입니다. 게다가 지금의 저처럼 흥분된 마음으로 자료화의 중요성을 알리느라 힘쓰게 되실지도 모릅니다.

재료 활용해 요리하기

다이아몬드와 흑연이 '탄소'라는 같은 원소로 이루어져 있다는 것을 알고 계시나요? 그런데 무엇이 다이아몬드와 흑연이라는 결과물의 차이를 만드는 것일까요? 바로 결합 구조입니다. 어떤 형태로 배열이 되어 있는지에 따라서 장신구로 쓰이는 다이아몬드가 되기도 하고 연필심의 재료로 쓰이는 흑연이 되기도 합니다. 무엇이 더 값어치 있는지는 중요하지 않다고 생각합니다. 쓰이는 용도와 목적이 다를 뿐이죠. 같은 원소인데도 결합 구조에 의해서 모양과 쓰임새가 달라진다니 너무도 신비로울 따름입니다.

    자료화 독서법의 가장 큰 장점도 '유연함'입니다. 6가지 재료를 어떤 식으로 조합하느냐에 따라서 다이아몬드가 되기도 하고 흑연이 되기도 합니다. 6가지 재료를 가지고 그에 맞게 배열만 잘해준다면 일상 속 다양한 상황에서 자유자재로 활용할 수 있습니다. 자신의 전문 분야 지식을 강화하는 학습 도구가 될 수도 있고, 창작 활동을 돕는 창작 도구가 될 수도 있습니다. 비즈니스의 문제 해결 도구가 될 수도 있고 취미 활동을 돕는 놀이 도구가 될 수도 있습니다. 중요한 건 '상황에 따라서' 응용할 수 있는 능력입니다. 여기서는 제가 자료화 독서법을 활용한 몇 가지 독서법을 소개해드리려고 합니다. 그대로 활용하셔도 좋고 여러분들의 입맛에 맞게 개량하셔도 좋습니다.

한 분야 섭렵 자료화 독서법

사용 재료	·목적에 따라 책 선정하기
	·훑기(속독)
	·꼼꼼히 읽기(정독)
	·수집하기
	·주제별로 분류하기
	·적용하기

처음으로 소개해드릴 독서법 요리는 '한 분야 섭렵 자료화 독서법'입니다. 새로운 분야에 뛰어들어 빠르게 기초 지식을 얻기 원하시는 분들이나, 혹은 자신의 전문 지식을 더욱 탄탄하게 만들고자 하는 분들께 추천해드리는 방법입니다. 집필, 강의, 연구를 위해 한 주제의 깊이를 만드는 데에도 좋은 방법입니다. 어찌 보면 성장을 위한 독서법 중에서도 가장 많이 알려진 방법이라고 할 수 있습니다.

'한 분야 독서'가 단순히 읽는 활동만 하는 독서 방법이라면, 제가 제시해드리는 '한 분야 섭렵 자료화 독서법'은 '자료화'의 과정까지 포함되어 있기에 조금 더 확실하게 성장을 보장한다고 말씀드리고 싶습니다. 이때 자신이 어느 정도의 깊이로 그 분야와 친해지려 하는지 목표하는 바에 따라서 권수는 달라집니다. 한 분야의 기초를 닦고 싶다면 약 10권 정도가 될 수도 있고, 어느 정도 전문 지식을 가지기 위해서는 100권 이상을, 그 분야에서 통달하는 수준까지 나아가려면 500권 이상까지 읽을 각오를 해야 합니다.

여기서는 약 10권 정도를 읽는 것을 기준으로 독서 방법을 설명해드리겠습니다.

❶ 훑기(속독)

먼저 섭렵하고자 하는 분야의 서적들 10권을 빠르게 '훑기'로 읽습니다. '꼼꼼히 읽기'가 아니라 '훑기'로 읽는 이유는 시간을 더 효과적으로 활용하기 위함입니다. 이 독서법에는 '책 선정' 과정이 빠져 있습니다. 즉 좋은 책과 조금은 덜 좋은 책을 가리지 않고 모두 읽는다는 뜻입니다. 좋은 책뿐만 아니라 덜 좋은 책에도 '쓸 만한 정보'가 존재할 수 있기 때문에 그것도 소홀히 대하지 않고 나의 지식 세계에 흡수하겠다는 목표로 진행합니다. 때문에 중요 내용만 빠르게 얻어내기 위해 정독이 아닌 훑기로 읽습니다.

훑기를 할 때는 한 페이지씩 넘기면서 '중요해 보이는' 내용만 빠르게 표시하며 지나갑니다. 중요해 보이는 지식이 있는 페이지는 귀퉁이를 접거나 플래그를 붙여줍니다. 이때 '덜 좋은 책' 같은 경우는 약 20분 정도면 한 권을 훑게 되지만, '좋은 책'의 경우는 표시할 내용들이 더 많이 있어 약 1시간까지도 걸릴 수 있습니다. 그렇게 10권을 전부 훑어보게 되면 이 분야의 대략적인 흐름을 어느 정도 가늠할 수 있게 된 상태입니다.

❷ 수집하기

이제 '수집하기' 단계로 넘어갑니다. 귀퉁이로 접어둔 부분

(혹은 플래그 붙여둔 부분)을 다시 보면서 중요 문장을 발췌해 자료를 만듭니다. 이때 발췌문 아래에 자신의 기록은 생략할 수 있습니다. 깊은 깨달음을 얻는 독서가 아니라 새로운 지식 정보를 얻는 데 특화된 독서법이기에 '시간 효율'을 우선으로 합니다. 이런 식으로 훑기 단계에서 표시해둔 부분들을 따라가며 자료를 만듭니다.

이때 또 하나 중요한 건 자신이 접어둔 모든 부분을 자료로 만드는 게 아니란 것입니다. 귀퉁이를 접은 부분을 자료로 만들며 따라가다 보면 앞에서 이미 수집한 내용과 중복되는 내용이 나올 수 있습니다. 한 권의 책에서도 중복된 내용이 나올 수 있고, 두 번째 책, 세 번째 책으로 넘어갈수록 중복된 내용은 더 자주 나오게 됩니다. 중복된 내용이 나올 때는 두 가지 중 하나를 선택해주면 됩니다. 그냥 넘어가거나 혹은 앞에서 수집한 내용을 보충해주는 것입니다. 이런 방식으로 수집하다 보면 처음 2~3권의 책을 수집하는 데는 많은 시간이 들지만 나머지 7~8권의 책은 수집할 내용들이 대폭 줄어들게 됩니다. 같은 분야의 책이기에 공통된 내용이 많기 때문입니다.

❸ 주제별로 분류하기

다음은 10권의 책을 읽으며 수집한 자료들을 '주제별로 분류'해주는 단계입니다. '한 주제'의 책을 선정했지만 이 주제의 자료들 속에서도 '작은 주제'들이 분명 존재합니다. 가령 '비즈니스'에 관한 자료들을 모았다면 그 속에는 '아이디어 발견', '고객 선정', '상품 제작', '판매', '홍보'와 같이 작은 주제들이 존재할 것입니다. **이렇게 한 분야 10권의 책에서 모은 자료들을 작은 주제들로 분류하게 되면 '그 분야의 지식 체계'를 담은 자신만의 보물 노트가 만들어지게 됩니다.**

저는 이 방법을 통해 '독서법'에 관한 자료들을 수집하며 지식 체계를 발전시켰고, 그 과정 덕분에 저만의 상품을 만들고 지식 사업을 진행할 수 있게 되었습니다. 또 글쓰기에 관련된 지식들을 한동안 열심히 자료로 만든 경험 덕분에 자신감을 얻어 작가로도 꾸준히 성장해 나갈 수 있었습니다. 혹시 제대로 이해하고 숙달하고 싶은 분야가 있나요? 한 분야 섭렵 자료화 독서법을 이용해보시기 바랍니다. 여러분들을 지식의 세계로 심도 있게 인도해줄 것이라 확신합니다.

실행력 업그레이드 자료화 독서법

사용 재료	· 목적에 따라 책 선정하기
	· 훑기(속독)
	· 꼼꼼히 읽기(정독)
	· 수집하기
	· 주제별로 분류하기
	· 적용하기

　다음에 소개해드릴 독서법은 '실행력 업그레이드 자료화 독서법'입니다. 어떤 지식을 얻기 위한 목적이 아니라 삶의 성장을 위해 실천 지침을 얻고 그것을 실천하는 데 특화된 독서법입니다. 앞에서 설명해드린 '한 분야 섭렵 자료화 독서법'처럼 우리의 지식 세계를 넓히는 것도 중요합니다. 하지만 삶의 실질적인 변화를 만드는 것은 '실천'뿐입니다. 우리 정신이 무언가를 많이 알고만 있다고 내 주변 세계가 변하지는 않기 때문입니다. 실천 없이 머리에만 넣는 독서를 하다 보면 점차 독서의 중요성을 잊게 될 수 있습니다. 삶이 나아져야 독서의 성취감도, 공부에 대한 신뢰도 더욱 커지게 됩니다.

❶ 목적에 따라 책 선정하기

먼저 자신의 목적에 따라 책을 선정해야 합니다. 실행력을 높인다는 목적이 있기 때문에 당연히 '실행에 대한 정보'가 많은 책이 좋을 것입니다. 이 독서법에 가장 적합한 책은 자기계발서처럼 행동에 관한 명확한 지침이 있는 책입니다. 이론을 설명하기보다, 실제 '어떻게' 진행해야 하는지 직접적으로 알려주기 때문에 실행에 관한 지침을 쉽게 얻을 수 있습니다.

하지만 역사책처럼 사건과 이야기가 담겨 있고, 과학책처럼 지침보다는 이론이 담겨 있다고 해서 실행 지침을 얻지 못하는 것은 아닙니다. 사례와 이론을 통해서도 얼마든지 자신의 문제점을 돌아볼 수 있고 그 과정에서 실행 지침을 얻을 수 있습니다. 게다가 더 깊은 근거를 가지고 실행하게 되기 때문에 실행의 질이 더 높아질 수도 있습니다. 다만 참깨에서 참기름을 짜듯 깊은 사유의 과정이 필요하고, 추출해내는 실행 지침의 양도 적기 때문에 어떤 책을 선택하든 각각의 장단점이 존재합니다.

❷ 꼼꼼히 읽기(정독)

책을 선정했다면 '꼼꼼히 읽기'를 시작합니다. '한 분야 지식 섭렵법'은 '훑기'로 읽고, '실천력 업그레이드 독서법'은 '꼼꼼히 읽기'로 진행한다는 것이 약간 아이러니하게 느껴질 수 있습니다. 실천이란 건 언제나 '빠르게', '과감하게' 하는 게 좋다고 여길 수 있으니까요. 하지만 저의 생각은 반대입니다. '실천'에는 책임이 뒤따르기 때문입니다. 지식은 양이 많아질수록 질 또한 좋아집니다. 그래서 빠르게 훑으며 읽는 게 지식을 얻는 데 더 도움이 되는 경우가 많습니다.

그런데 '실천'은 다릅니다. 무작정 많이 실천한다고 나아지는 게 아닙니다. 하나의 행동을 하더라도 지혜롭게 할 수 있어야 합니다. '실천력'을 업그레이드하려면 무작정 아무 실천이나 열심히 하는 게 아니라, 깊은 사유를 거쳐 선별된 지식을 행동으로 옮겨야 합니다. 그게 탁월한 이들이 성취를 만드는 비결이라고 확신합니다.

❸ 수집하기

때문에 실천력 업그레이드 독서를 할 때는 '신중히' 책을 읽어야 합니다. 자기계발서에서 어떤 주제에 대해 '이렇게 하라!'는 주장을 한다면 무작정 그 지침을 따르기보다는 저자의 사유를 따라가며 주장의 근거를 명확히 확인해야 합니다. 그렇게 '수집' 활동도 함께 진행합니다. 어떤 한 가지 행동 지침을 얻었다면 관련된 문장을 발췌하고 아래에 자신의 생각을 기록합니다. 왜 그 실천 지침이 내 삶에 필요한지도 적어보고, 그 실천 지침을 통해 앞으로의 내 삶이 어떻게 달라질지에 대해서도 적어 봅니다. 저자가 주장하는 방식보다 더 나은 생각이 있다면 추가할 수도 있습니다.

❹ 적용하기

수집이 끝났다면 이제 '적용 단계'입니다. 이때 적용의 힘을 극대화하기 위해 한 가지 노트를 추가로 만들기를 추천합니다. '실행 노트'입니다. 이곳에는 습관 개선과 같은 자기계발 실행 지침이나 직장에서 해야 할 실행 지침을 모두 넣어둘 수 있습니다. 실행 노트 안에서 각각의 카테고리를 분류해두면 좋습니다. 가령, '업무', '습관 개선', '공부' 등 원하는 목표대로 분류하면 됩니다. **그런 다음 이 노트를 삶의 현장에 항상 가지고 다니며 자투리 시간에 틈틈이 확인하는 것입니다.**

책을 읽어도 삶이 바뀌지 않는다고 느끼는 사람들이 많습니다. 책을 덮은 다음에는 독서하며 얻은 깨달음들을 금세 잊어버리고 이전에 해오던 행동만 반복하기 때문입니다. 하지만 실행 노트가 곁에 있다면 달라집니다. 언제든 펼쳐 보기만 해도 지금 당장 어떤 행동을 해야 할지 알 수 있습니다. 게다가 그 지침의 바탕이 되는 책의 내용과 자신의 사유가 함께 담겨 있으니 언제든 그 내용을 복습할 수 있어 더욱 좋습니다. 이때 중요한 점

하나가 있습니다. 적용 단계에서 어떤 실행을 했다면 그 실행의 과정과 결과를 실행 노트에 추가하는 것입니다. 그렇게 하면 '실행 노트'에는 실행의 경험까지 추가되면서 이 세상 어떤 책과도 바꿀 수 없는 소중한 자원이 될 것입니다.

아래는 제가 작가 활동과 유튜브 채널 운영을 잘하기 위해 노션으로 모아둔 실행 노트입니다. 뒤의 상단 이미지에 진한 선으로 보이는 박스는 실행 노트 속 '유튜브' 카테고리입니다.

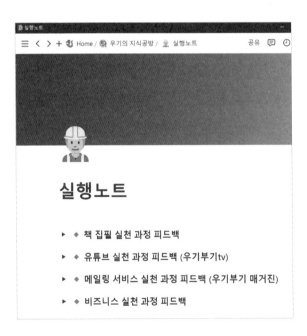

- ◆ 책 집필 실천 과정 피드백
- ▼ ◆ 유튜브 실천 과정 피드백 (우기부기tv)
  - ▼ 유튜브 실행 법칙
    - ▸ 군더더기 덜어내는 방법
    - ▸ 스토리, 사례 넣는 방법
    - ▸ 동기부여 하는 방법
    - ▸ 사람들이 좋아하는 영상 스타일
    - ▸ 유튜브 알고리즘에 대하여
- ◆ 메일링 서비스 실천 과정 피드백 (우기부기 매거진)
- ◆ 비즈니스 실천 과정 피드백
- ◆ 축구 실천 과정 피드백

저의 실행 경험을 추가한 예입니다.

유튜브에 대한 생각
ⓒ2022년 3월 19일 오전 10:48

♥ <요즘 읽은 책들> 영상을 만들 때 중요한 점 한 가지를 깨달았다. 책의 내용도 중요하지만, 그 책을 읽게 된 동기와 같은 '내 생각'과 관련된 이야기가 중요하단 것이다. 이 영상을 보려는 구독자분들의 관심은 '책 자체'가 아니다. 그 책이 이미 마음에 들었다면 그 책을 읽을 따름이지 이런 영상을 볼 필요가 없다. 이 영상을 보는 이유는 '그 책이 읽을 만한가', '관심을 가질 만한가' 하는 것이다. 즉, 내가 왜 그 책을 선택했는지에 대한 정보가 있어야 한다. 그 책에 대한 내 생각을 담아내야 한다.

[유튜브 촬영] 잘하는 것보다 '꾸준함'이 더 중요하다
ⓒ2022년 3월 20일 오전 9:50

♥ 영상 하나를 촬영하고 나니 기분이 좋다. 어떻게든 꾸준히 영상을 찍는 것만이 답인 것 같다. 미루면 안 된다. 만족스럽지 않은 영상일지라도 나아가는 것이 중요하다. 꾸준히 성장하려면 '꾸준히' 행해야 한다. 잘해야 한다는 압박감 때문에 미루는 선택을 한다면 결국 잘하지 못할 것이다.

위에서 제가 제시해드린 두 가지 독서법은 모두 하나의 사례일 뿐이라는 점을 꼭 강조하고 싶습니다. 왜냐하면 이 세상에 완벽한 독서법은 없기 때문입니다. 좋아하는 『도덕경』의 구절이 있습니다. "도가도, 비상도道可道. 非常道"라는 구절입니다. '도를 도라고 말하면 그것은 늘 그러한 도가 아니다'라는 뜻으로 해석할 수 있습니다. 즉, 우리가 말하는 진리도 어떤 맥락 속에서 존재할 때에만 진리일 수 있는 것입니다. 동서남북은 언제나 바뀌지 않는 방향이라고 생각할 수 있지만, 그것도 '지구' 안에서 존재하는 우리의 기준일 뿐입니다. 우주의 관점에서 보면 우리가 진리라고 여기는 동서남북이라는 기준점도 사라지게 되죠.

독서법도 똑같다고 생각합니다. 아무리 효과적이라 여겨지는 독서법을 설계한다고 해도 상황에 따라서는 유익할 수도 있고 유익하지 않을 수도 있습니다. 목적에 따라서, 상황에 따라서 '응용하는 힘'이 필요합니다. 세상에는 탁월한 사람들이 '효과가 있었다'고 알려주는 너무도 많은 독서법들이 있습니다. 그 독서법들을 하나씩 배우면서 삶에 잘 적용해보시기 바랍니다. 단, 그 어떤 것도 '완벽한 도'가 될 수 없음을 기억하시면서요.

지적 성장으로 안내하는
최고의 스승을 찾아서

효과적으로 성장하려면 학습 과정을 설계해줄 수 있는 스승이 필요합니다. 그런데 문제가 있습니다. 지적 성장을 향해 나아가는 길에는 구체적이고 획일화된 커리큘럼이 생길 수 없어서 공인된 스승이 존재할 수 없다는 것입니다. 지적 취향은 사람마다 다릅니다. 인간의 심리를 파고들기 좋아하는 사람도 있고 운동에 관한 지식을 좋아하는 사람도 있습니다. 저처럼 성취의 비결을 탐구하는 것에 미쳐 있는 사람도 있습니다. 공부하는 방식도 제각각입니다. 들으면서 잘 배우는 사람이 있고 저처럼 읽으며 잘 배우는 사람이 있습니다. 듣고 읽기보다는 직접 시행착오를 거치며 경험을 통해 더 잘 배우는 사람도 있습니다. 아니면 옆에서 실무를 관찰하면서 배우는 사람도 있습니다.

이렇듯 지식에 대한 관심도, 지식을 얻는 방식도 모두가 다 자신만의 개성을 품고 있습니다. 게다가 '지적 성장의 길'에는 스포츠처럼 명확한 성과 지표도 존재하지 않습니다. 모든 사람의 길이 다를 수밖에 없습니다. 그렇기에 스승을 찾는 것도 쉽지 않습니다. 자신과 비슷한 것에 관심 있는 사람을 찾아야 하고 또 어느 정도 그 길 위에서 성과를 이룬 사람을 찾아야 합니다. 게다가 그 사람에게는 어느 정도 가르치는 능력까지 있어야 합니다. 설령 그런 사람이 있다 하더라도 직접적인 가르침을 구하려면 인연도 있어야 하고 학습자 본인의 실력도 있어야 하며 재정적인 여유도 필요할 수 있습니다. 그러니 자신에게 잘 맞는 스승을 찾는 '기연'은 거의 불가능에 가깝습니다. 주위에 그런 인연이 있다면 그 관계를 소중히 여기시기 바랍니다.

저 또한 오랫동안 '스승의 필요성'을 절실히 느꼈습니다. 롤모델로 삼을 만한 스승, 문제 상황에 맞닥뜨릴 때마다 조언을 구할 수 있는 스승이 있다면 얼마나 좋을까라고 자주 생각하곤 했습니다. 하지만 그렇게 기연을 찾는 데 집중하기보다 더 좋은 방법이 있다는 걸 서서히 알게 되었습니다. 바로 '저 자신'을 코치로 삼는 것이었습니다.

　애리조나 주립대학교 교수이면서 '보스턴 레드삭스'라는 미국 프로야구 구단의 기술 습득 전문가인 롭 그레이는 『인간은 어떻게 움직임을 배우는가』에서 코치는 연습을 디자인하는 능력을 갖춰야 한다라고 말했습니다. 특히 그 디자인 능력은 학습자를 잘 아는 것으로부터 시작된다고 했습니다. 이 대목을 접하면서 바로 저야말로 저에게 최적화된 연습을 디자인할 수 있는 유일한 사람이라는 확신이 들었습니다.

　제가 있는 곳이 눈으로 스킬을 피드백할 수 있는 스포츠 분야였다면 다르게 생각했겠지만, **지금 제가 있는 곳은 눈에 보이지 않는 지적 성장의 영역이었기 때문입니다. 제 속에 있는 것에 대해 저만큼 잘 아는 사람을 절대 찾을 수 없다는 확신이 들었습니다. 바로 저만이 저의 코치가 될 수 있었습니다.**

　우리는 우리 스스로를 수련하게 하는 디자이너가 되어야 합니다. 그런데 연습을 설계하는 건 말처럼 쉬운 일이 아닙니다. 어찌 보면 가장 고차원적인 활동이 아닐까 싶습니다. 자기 자신에 대해서도 잘 알아야 하고, 더 높은 시선에서 자신의 공부 과정을 파악할 수 있어야 합니다. 또 자료화 독서의 재료들에 대해서도 잘 알아야 자신에게 맞는 독서법도 설계할 수 있습니다.

하지만 안심하셔도 됩니다. 연습을 설계하는 것도 노력을 통해 기를 수 있는 일종의 능력이기 때문입니다. 처음에는 생소하고 어렵게 느껴질 수 있습니다. 여러 시행착오를 거치게 될지도 모릅니다. 하지만 그 과정에서 자신에게 맞는 독서 방법을 설계하는 능력이 상승합니다. 점차 자신에 대해 더 잘 알게 되고 더 효과적인 독서법을 고안할 수 있게 됩니다.

저는 그 무엇보다 완벽한 독서법을 얻고 싶었습니다. 하지만 알게 된 것은 완벽함은 '고정된 상태'가 아니라 '자유자재로 모습을 바꿀 수 있는 유연함'으로부터 나온다는 것이었습니다. 이 글을 읽는 독자분들께 잘 차려진 밥상과 같은 획일화된 독서법이 아니라 물고기를 잡아 밥상을 차릴 수 있는 능력을 알려드리고 싶었습니다. 독자님들의 삶에 최적화된 독서법을 직접 설계할 수 있는 방법을 제시해드리고 싶었습니다. 자료화 독서법의 6가지 재료들을 소개해드리고 이를 응용하는 사례까지 보여드린 이유가 여기에 있습니다.

제가 알려드린 것에 그치지 않고 여러분들의 독서 과정을 직접 디자인하는 시도를 멈추지 않으셨으면 좋겠습니다. 또한 제가 알려드린 재료조차도 각자의 목적에 맞게 수정해 나가셨으면 좋겠습니다. 독서의 수준이 높아짐에 따라서, 삶의 새로운 꿈이 생겨남에 따라서 계속 독서법을 계발하고 발전해 나가시기 바랍니다. 그렇게 내가 나의 삶을 성장으로 이끄는 최고의 스승이 되시길 바랍니다.

자료화 노트를 만들고 활용하는 건
책 속의 현자를 내 삶의 현장에 불러와
나를 돕도록 만드는 것과 같습니다.

과거의 내가 현자들과 함께 보냈던 그 시간들이
그냥 없어지지 않고 그대로 나를 찾아와
현재를 도와주는 것입니다.

[도덕경 64장] [사소함] 천릿길도 발 밑에서 시작된다

2020-01-26 오후 8:57

『노자의 목소리로 듣는 도덕경』, 최진석, 소나무, p.459

(노자) 몇 아름이나 되는 나무라도 작은 싹으로부터 자라나고, 아주 높은 건물이라도 삼태기 하나 분량의 흙으로 시작되며, 천리나 가는 먼길도 한 발자국에서 시작된다.

🖤 엄청난 목표를 가지고 그걸 한 번에 이루기 위한 큰 걸음을 시작하는 이는 곧 넘어지기 마련이다. 넘어진 이후에도 그 부담과 스트레스를 알기에 쉬이 일어나지 못한다. 또한 그 넘어진 상태에서 느끼는 자괴감과 죄책감은 사람을 더욱 빠져나올 수 없는 수렁으로 밀어넣는다. 어떠한 일이든 한번에 이루어지는 일은 없다. 아주 작은 것 하나부터 꾸준히 행하면 된다.

[점진적 성장] 자잘한 승리와 사소한 돌파구들이 쌓여 큰 성과를 만든다

2021-01-04 오후 4:05

『아주 작은 습관의 힘』, 제임스 클리어, 비즈니스북스, p.19

단 한순간도 극적인 전환점이란 없었다. 오랜 시간 수많은 순간들이 지금의 나를 있게 한 전환점이었다. 자잘한 승리들과 사소한 돌파구들이 모여서 점진적인 발전이 이뤄졌다.

🖤 뒤돌아보자면 나에게도 극적인 전환점이란 없었다. 갑자기 자기계발의 신이 되어서 하루종일 생산적인 일을 하게 되었거나, 환골탈태하는 듯한 느낌을 받은 적은 없었다. 그저 작은 벽돌을 한 개씩 꾸준히 쌓을 뿐이었다. 어느새 눈떠보면 작은 벽돌들이 쌓여 기둥이 되고 벽이 되어 작은 집 하나가 완성되어 있었지만 그게 극적인 전환점을 나타내는 것은 아니었다. 그 집을 쌓기 위한 모든 과정들이 내 기억 속에 남아 있기 때문에, 그저 한순간에 완성된 결과물이 아니란 것을 알기 때문이다.
앞으로도 이렇게 꾸준히 나아가련다. 책을 읽으며 꾸준히 기록할 것이다. 영상이라는 하나의 벽돌을, 글이라는 하나의 벽돌을 꿋꿋이 쌓아갈 것이다.

[하인리히 법칙] 큰 재해가 있기 전에 29번의 작은 재해와 300번의 이상 징후가 있다

ⓘ 2023년 6월 12일 오후 3:25

『3가지 성공 사이클』, 가와니시 시게루, 3mecca, p.291

미국의 엔지니어, 하인리히는 노동재해 사례 통계를 분석한 후 유명한 하인리히 법칙을 발표했다. 그것은 한 건의 대형사고가 일어나기 전까지 29건의 일반사고와 300건의 이상 징후가 나타난다는 법칙이다.

큰 사고가 나기 전에 300건의 작은 이상 징후들을 눈치 채면, 혹은 29건의 일반사고에 주의를 기울일 수 있으면, 대형사고는 미연에 방지할 수 있다. 다양한 이상 징후와 일반사고를 포착하고, 거기다가 6번의 경고를 받고서도 무시한 채 빙산에 부딪혀 대참사를 부른 호화 여객선 타이타닉호의 비극(1912년)의 교훈이 바로 그 법칙의 타당성을 실증한다.

 건강 문제도 똑같다. 건강을 탁월하게 잘 유지하는 사람들은 자기 몸의 작은 이상 징후에도 바로 반응해 문제를 발견하고 개선한다. 가령, 허리에 작은 통증만 와도 허리의 자세와 근육 개선에 신경 쓴다. 나쁜 자세와 습관이 반복되었을 때 생겨날 허리 디스크가 터지는 일을 미연에 방지하는 것이다.

건강뿐 아니라, 이것은 자기계발에도, 개인의 재정 상황에도, 사업에도 모두 해당되는 이야기다. 큰 문제가 발생하기 전에 언제나 이상 징후와 작은 문제들이 등장한다. 문제가 작을 때 해결할 줄 아는 것이 지혜다.

그런데 이 사소한 것들 속에 숨어 있는 위험성을 알아보지 못하는 사람들은 이상 징후들과 작은 문제들을 발견하고도 지나쳐버린다. 나중에 큰 문제가 발생하고서야 그제서야 정신을 차린다. 하지만 큰 문제가 발생했을 때는 언제나 이미 늦다. 그러므로 항상 깨어 있어야 한다. 사소한 것들 속에 숨어 있는 본질들을 꿰뚫어볼 수 있는 지혜를 가져야 한다.

삶과 연결된 독서하기 (뇌는 의미를 좋아한다)

2022년 8월 19일 오후 7:06

「기억의 뇌과학」, 리사 제노바, 웅진지식하우스, p.167

뇌는 의미를 좋아한다. 기억하고 싶은 정보들을 이미 알고 있는 지식, 평소에 중요하게 여기는 것들과 연관 지어 하나의 이야기 안에 녹여 넣거나 인생 서사의 특별한 순간에 끼워 넣음으로써 기억을 오래 남길 수 있다. 또 나에게 의미 있는 기억이라면 더 자주 생각하고, 다른 사람과 공유하고, 사용하고, 되돌아볼 것이다. 그런 식으로 의미 있는 기억들은 자주 반복됨으로써 더 강력해진다.

❤ 책을 읽으며 그 책이 내게 어떤 의미가 있는지 되새겨 보아야 한다. 그때, 책의 지식이 내 삶의 경험과 연결된다. 그러면 지식이 살아 숨쉬며 내 속으로 흡수된다.

이것이 매우 과학적인 일이라는 것을 문득 떠올렸다. 자신에게 의미가 있는 일은 이미 뇌세포에 강하게 각인된 일이다. 그렇기에 어떤 지식을 배울 때, 그 지식이 내게 어떤 의미가 있는지 되새기는 과정은 새로운 지식이라는 신경세포의 옅은 반응을 삶의 의미라는 강한 반응과 연결 짓는 일이다.

이 탐색 과정에서 그 지식이 내게 중요한 의미가 있다고 판별되면 옅게 반응하던 새 지식들이 기존의 뇌세포에 강하게 접촉하게 된다. 그때 학습 효율이 높아지는 것이다.

예를 들면, 나에게 '배움의 즐거움'은 매우 큰 의미를 가진 일이다. 나라는 사람의 특징을 설명할 때 가장 잘 설명할 수 있는 것이며, 앞으로 계속 이 모습으로 살고 싶은 나의 신념을 담고 있을 정도로 중요한 의미를 가진다. 그렇기에 '배움의 즐거움'에 대해 이야기한 어떤 명언을 발견하게 되면 내게 더욱 강하게 접속되어 공감하게 된다.

'학습법'에 관련된 지식들도 내게 큰 의미를 가진다. 난 배움을 좋아하고 배우는 방법을 알아가는 것도 좋아한다. 그래서 뇌과학 책이든, 심리학 책이든 책 속 내용이 '학습법'과 연결되는 지점을 찾게 되면 학습 효율이 극대화된다. 내 삶에 매우 큰 의미를 가지고 있는 지식들은 더 크게 와닿게 되는 것이다.

뇌는 의미를 좋아한다. 그렇기에 책 속 지식이 내게 어떤 의미가 있는지 궁구해볼 줄 알아야 한다. 그 과정에서 지식이 더욱 깊게 흡수될 수 있다.

[피터 드러커] 활동의 우선순위는 '결과'로부터 시작되어야 한다

🕐 2022년 9월 22일 오후 12:53

『피터 드러커의 자기경영노트』, 피터 드러커, 한국경제신문, p.21

목표를 달성하는 지식근로자들은 활동의 초점을 외부 세계에 맞춘다. 그들은 자신의 노력을 업무 그 자체가 아니라 결과에 연결시킨다. 그들은 "내가 창출해야 하는 것으로 기대되는 결과는 무엇인 가?"라는 질문으로부터 출발하지, 일하는 기법과 도구를 말할 것도 없고, 해야 할 일이 무엇인가 하는 것부터 시작하지는 않는다.

너무나도 중요한 지점이다. 나는 '독서' 자체를 목표로 삼은 적이 대부분이었다. 이 얼마나 모호한 목표인가. 독서 그 자체는 그 어떠한 결과도 보장하지 않는다. 보장하는 것들이 너무나 많다. 그래서 어느 것도 제대로 보장하지 못한다.

하지만 독서라는 과정을 구체적인 목표물을 위한 수단으로 여기게 되면 독서에 명확한 방향성이 생겨난다. 책을 고르는 것부터 책을 읽는 방식까지 명확해진다.

이제 나도 '그냥 독서'하지 않아야겠다. '무엇'을 얻기 위해 독서하는지 명확히 목표 설정을 한 후 독서해야겠다. 가령, 최근에 내 독서의 효율이 극대화된 이유는 '콘텐츠 마케팅'에 대한 지식을 얻겠다는 명확한 목표 의식이 있었기 때문이다. 또 그 목표는 '독서 활동 수익화 전자책 쓰기'로부터 시작되었다. 근원적인 목표가 있었고 그 목표에 의해 독서하는 방법이 나왔고 내 행동의 결과가 탄생한 것이다.

결국 모든 것들은 명확한 WHY로부터 시작해야 한다. 그다음 HOW, WHEN, WHAT의 방향이 잡히는 것이다.

피터 드러커는 『자기경영노트』에서 "내가 창출해야 하는 것으로 기대되는 결과는 무엇인가?"라는 질문으로 시작하는 것이 탁월한 지식근로자들이 활동의 초점을 맞추는 방식이라고 이야기한다. 내가 전자책을 창출해야 할 결과물로 인식했고, 그 인식이 독서의 방식을 인도한 것처럼, 앞으로도 계속 이 방식으로 독서를 해야겠다. 목적의식이 있는 독서다. 항상 내가 만들어내야 할 결과물부터 생각하는 습관을 들여야겠다.

'완료된 상태'가 어떤 것인지 명확히 정의 내리면 '헛수고'를 피할 수 있다

@2023년 3월 19일 오전 9:35

『최소 노력의 법칙』, 그렉 맥커운, 알에이치코리아, p.126

무언가를 도무지 완료할 수 없을 정도로 어렵게 만드는 방법은 간단하다. 최종 목표를 최대한 모호하게 만들면 된다. 당연한 일이겠지만 분명하게 정의된 최종 목표 없이는 그 어떤 프로젝트도 완료할 수 없다. 목표가 모호하면 헛수고를 반복하고, 여기저기 자잘한 내용을 고치는 데 시간을 허비하며, 하던 일을 포기할 수도 있다(그럴 가능성이 크다). 하지만 중요한 프로젝트를 완료할 생각이라면 '완료된' 상태가 어떤 것인지를 반드시 정의 내려야 한다.

💟 외국어 사업을 하면서 지출만 많아지고 수입이 줄어들었던 이유가 여기에 있었다. 많은 직원을 고용하고 여러가지 일거리들을 계속 만들었지만, 정작 명확한 목표가 서 있지 않았다. 이것도 해보자, 저것도 해보자 하면서 여러가지 행동만 촉구했을 뿐이었다. 그러니 직원들만 혼란스러울 뿐이었다. 나는 정말 빵점짜리 사장이었다.
지금은 달라졌다. 비즈니스의 최종 목표 단계를 설정하고 나니 모든 과정에 군더더기가 빠졌다. 영상 하나를 만드는 것도, 글 한 편을 쓰는 것도 최종 목표를 향한 빌드업 과정이 되었다. 만약 영상과 글이 내 목표와 아무 관계가 없으면 바로 미루거나 그만둔다.

위대한 성공을 얻으려면 '적당한 성공'을 포기할 줄 알아야 한다

@2022년 10월 29일 오후 6:50

『더 해머』, 데이브 질크 & 브래드 펠드, 서사원, p.67

위대한 성공을 거두기 위해 적당한 성공을 포기하려면 특정한 성향이 필요하다. 그건 아주 큰 수익을 추구하는 투자자와 기업가가 단절을 겪게 되는 흔한 이유다.

💟 위대한 성공을 거두기 위해서는 적당한 성공을 포기할 수 있는 용기가 필요하다. 단기적인 수익에 연연하지 않는 단단한 사람이 되어야 한다. 결국 큰돈을 버는 사람은 '돈 자체'에 연연하지 않는 사람인 것이다. 돈을 추구할수록 돈과 멀어지는 이유다. 돈을 추구하려면 차라리 '큰돈'을 추구해야 한다. 그리고 '큰돈'을 추구하면 반드시 '가치'를 추구해야 한다는 것을 알게 된다.
위대한 성공을 이루려는 사람들은 우리가 당장의 성과에 집착하는 것이 아니라 성장에 집중해야 한다는 것을 알고 있다. 그래서 그들은 결국 '성공'을 추구하지 않게 된다. 근본적인 것들은 오랜 시간 형성되며 이루어진다는 것을 알기 때문에 언제나 본질적인 것에 집중하게 된다.

내가 가장 자주 들여다보는 자료화 노트

인생의 기적은 크고 중요한 선택이 아니라, 일상의 작은 선택으로 만들어진다

2022년 4월 15일 오후 12:38

『전념』, 피트 데이비스, 상상스퀘어, p.25

인생이 우리에게 허락하는 것들은 대개 이러하다. 크고 중요하고 용감한 선택을 해야 하는 순간보다는 사소하고 평범한 순간이 이어진다. 거기에서 우리는 나만의 의미를 찾고 만들어야 한다.

전념하기의 영웅들은 매일, 매년 꾸준하게 시간과 노력을 쌓아 스스로 극적인 사건 그 자체가 된다. 그들의 앞을 가로막는 용은 일상이 주는 지루함, 다른 방도 기웃거리고 싶은 유혹, 그리고 내가 잘 하고 있는지 확신하지 못하는 불안이다. 그리고 그들에게 있어 중요한 결단의 순간은 칼을 꺼내서 용에게 휘두르는 것이 아니라 매일 꾸준히 정원을 가꾸는 일에 가깝다.

 기적은 일상의 작은 선택들이 모여 일어나는 것이다. 어떤 하나의 큰 선택이 기적을 만들어내지 않는다. 만약 어떤 한 선택이 큰 기적을 만들어낸다면 그것은 지나가는 우연일 뿐이다. 그것은 매우 큰 행운일 수도 있고, 아니면 절대 마주하고 싶지 않은 불행이 될 수도 있다.

하지만 일상의 작은 선택들이 만들어내는 기적은 이런 우연성과는 거리가 멀다. 매일의 작은 성공들이 모여서 큰 성공이 되는 것은 필연이다. 나쁜 습관들이 나쁜 결과를 만들어내는 것처럼 말이다. 피트 데이비스는 말한다. "전념하기의 영웅들은 매일, 매년 꾸준하게 시간과 노력을 쌓아 스스로 극적인 사건 그 자체가 된다." (『전념』, 피트 데이비스, 상상스퀘어, p.25)

나도 전념하기의 영웅이 되고 싶다. 매일의 일상에서 나의 전념을 채워나가는 것이다. 독서에 전념하고, 글쓰기에 전념하고, 운동에 전념하고, 음악에 전념하는 것이다. 그리고 그 과정과 통찰을 담은 영상과 글을 만드는 데 전념한다. 이 작은 전념들이 모여 큰 기적을 만들어낼 것이다. 나의 할 일은 큰일을 이뤄내는 것이 아니다. 매일 정원을 가꾸듯 해야 할 일에 전념하는 것이다. 일상의 작은 순간들이 모여 기적이 된다.

PART 3

'지적 자산이
복리로 쌓인다'

탁월한 독서가들의
10가지 독서 습관

어렸을 적부터 방법론에 관심이 많았습니다.

분야는 상관없었습니다. 운동, 공부, 미술, 음악, 스피치, 외국어, 인간관계 등을 잘하는 비법에 대해 이야기하고 듣는 것을 좋아했습니다. 이런 저의 취향은 독서를 하면서도 이어졌습니다. 어떻게 하면 독서를 잘할 수 있을지 궁금했습니다. 탁월한 독서가들은 어떤 독서 방법을 통해 뛰어난 결과를 이끌어내는지 궁금했습니다. 그래서 독서법 관련 서적들을 열심히 읽고 정리했습니다. 7년의 독서 과정 중에서 가장 많은 시간을 들인 것이 독서법에 대한 탐구 활동이었습니다.

탁월한 이들의 독서법에 대해 깊이 연구하며 알게 된 한 가지가 있습니다. 처음에 저는 어떤 '지침'이나 '매뉴얼'을 얻고 싶어 했습니다. 그들이 실행하고 있는 어떤 비결만 얻으면 저도 그런 탁월한 성과를 이룰 수 있을 것이라 기대했습니다. 그들에겐 그들만의 독서 비법서가 따로 있을 거라 생각했습니다. 하지만 그건 저의 착각이었습니다.

그들은 방법론의 차원에서 독서에 접근하고 있지 않았습니다. 그들이 독서를 통해 높은 성과를 얻게 된 비결은 독서의 방법이 아니라 책을 대하는 태도, 삶에서 꾸준히 실행하는 독서 습관, 독서에 대해 가지고 있는 철학이 남달랐기 때문이었습니다. 이런 태도와 습관과 철학이 독서 활동에 묻어나다 보니 자연스럽게 독서의 성과도 높아졌던 것입니다. 그들은 수학 공식을 암기한 채 대입만 하는 사람들이 아니었습니다. 공식이 만들어지는 원리 자체를 이해하고 스스로 공식을 만들어낼 수 있는 사람들이었습니다.

파트 3에는 그동안 제가 독서에 대해 탐구하면서 알게 된 탁월한 독서가들의 독서 습관 10가지를 정리했습니다. 먼저 습관에 대해 알아야 할 것이 있습니다. 습관은 겉으로 보이는 피상일 뿐이란 사실입니다. 습관은 반복된 행동입니다. 그리고 반복된 행동은 일관된 정신적 태도로부터 형성됩니다. 즉, 우리가 배우고 익혀야 할 것은 단순히 겉으로 보이는 모습이 아니라 그 행동이 어떤 일관된 철학으로부터 반복적으로 도출되어 나오는지, 그 행동을 추동하는 원동력은 어디에 있는지 살펴보는 겁니다. 저와 함께 탁월한 독서가들의 깊은 속내를 탐구해보는 시간을 가져보면 좋겠습니다.

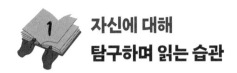

1 자신에 대해 탐구하며 읽는 습관

　　제가 7년 동안 독서를 이어올 수 있었던 가장 중요한 이유 한 가지가 있습니다. 저를 성장시켜줄 책을 먼저 고르기보다 즐겁게 해주는 책을 먼저 골랐기 때문입니다. 많은 사람이 독서를 시작했다가 얼마가지 못해 그만두는 것을 목격해왔습니다. 독서를 해야겠다는 생각은 너무도 크지만 습관으로 만들지 못한 겁니다. 이들이 낙담하는 모습을 볼 때면 저도 안타까움을 많이 느꼈습니다. 그럴 때마다 실패의 원인을 곰곰이 생각해보았습니다.

　　다양한 이유들이 있겠지만 가장 큰 이유는 자신이 '좋아하는 것like'을 따르기보단 '원하는 것want'을 따랐던 게 아닐까 하는 생각이 들었습니다. 다들 자신이 어떤 분야에 관심이 있고, 어떤 책을 좋아하는지는 크게 신경 쓰지 않았습니다. 원래 독서를 좋아하는 사람들조차 성장하고 싶다는 욕망에 현혹돼 책 읽기와 멀어진 경우도 있었습니다. 이들이 독서와 멀어진 이유는 책 읽기를 추동하던 감정이 '즐거움'이 아니었기 때문입니다. 읽어야 한다는 '의무감'과 '압박감'이었습니다.

물론 어느 정도의 의무감과 압박감도 필요하겠지만 그런 감정도 '즐거움'이라는 핵심 동기 위에 얹어져야 합니다. 독서를 하다 보면 삶도 자연스레 성장할 수밖에 없습니다. 하지만 중간에 그만두게 되면 어떻게 될까요? 결국 독서를 통해 얻은 성장도 일시적인 성취로 끝나버립니다. '원하는 것' 자체가 나쁜 거라고 말씀드리는 게 아닙니다. 욕망은 좋아하는 것의 기반 위에 얹어져야 합니다. 때문에 우리가 먼저 신경 써야 할 것은 오직 '자신이 어떤 지식을 탐구하기를 좋아하느냐'입니다.

제가 좋아하는 것은 '성장 비결'입니다. 저는 독서를 하면서도 '방법론'에 관한 책들을 유독 좋아했습니다. 독서를 잘하는 법, 글쓰기를 잘하는 법, 인생의 성공을 얻는 법 등 성장, 학습, 훈련, 자기계발에 관한 이야기가 나오는 책들이면 시간 가는 줄 모르고 몰입하곤 했습니다. 독서법에 관한 책을 한없이 파고들 수 있었던 이유도 제가 좋아하는 일이었기 때문입니다. 물론 좋아하는 일만 하면서 살 수는 없다고 생각합니다. 하지만 저는 확신하는 점 하나가 있습니다. 책이라는 도구는 그 자체로 유익하기 때문에 얼마든지 '즐거움'을 추구해도 괜찮다는 것입니다. 좋은 약은 남용하면 독이 될 수 있습니다. 하지만 좋은 책은 남용하면 할수록 인생에 더 좋은 쓸모를 가져다줍니다. 또한 자신이 좋아하는 책을 읽을 때 의지력과 독기도 더 효과적으로 발휘됩니다.

　이 과정에서 오해하지 않으셔야 할 점이 있습니다. 자기 자신에 대해 명확히 알아야만 책 읽기를 시작할 수 있는 게 아니란 것입니다. 어떤 요리를 맛보기 전부터 그게 자신이 좋아하는 맛인지 아는 것은 불가능합니다. 자신이 어떤 분야의 지식을 좋아하는지 아는 것도 읽어보지 않고서는 불가능합니다. 그러므로 자신이 아직 어떤 책을 좋아하는지 잘 모른다고 해서 독서를 미룰 필요는 없습니다. **중요한 것은 책을 읽는 과정에서 '내가 어떤 책을 더 좋아하는지' 지속적으로 의식하는 겁니다.**

　인간관계에 대한 탐구가 즐겁다면 인간관계 관련 책들을 꾸준히 읽어보는 것을 권합니다. 감정에 대한 탐구가 즐겁다면 감정에 대해 탐구해보는 것을 권합니다. 물론 언젠가 내가 발견한

이 모습이 자신의 진정한 모습이 아니었다고 깨달을 수도 있습니다. 하지만 괜찮습니다. 이런 탐구의 과정으로 자신이 좋아하는 것을 더 구체적으로 알게 되기 때문입니다. 저도 자기 탐구 활동을 계속 해오면서 확실히 깨달았습니다. 자기 탐구는 평생 동안 지속해야 한다는 것을요.

어떤 책이 내게 기쁨이 될지 고민해보시기 바랍니다. 그렇게 기쁨이 되는 책을 발견했다면 마음껏 그 책들과 함께 기뻐하시길 바랍니다. 더 나아가서는 그렇게 책과 함께 기쁨에 빠지는 것을 독서 습관으로 만들어보시길 바랍니다. 물론 내게 기쁨을 줬던 분야의 책들이 언제나 같은 기쁨을 줄 것이라고 속단은 하지 마시길 바랍니다. 왜냐하면 책과 함께 우리 자신도 성장하기 때문입니다. 책을 보는 수준이 높아지기에 책에 관한 취향도 바뀌어갑니다.

중요한 것은 내게 기쁨을 주는 게 어떤 책인지 꾸준히 알아보는 걸 소홀히 하지 않는 것입니다. 이 과정에서 얻을 수 있는 가장 큰 이점은 시간이 갈수록 나 자신에 대해 더욱 잘 알게 된다는 것입니다. 자기 자신에 대해 탐구하고 자신의 기쁨을 따르는 것. 이게 탁월한 독서가들의 첫 번째 습관입니다.

2 한 문장도 소중히 여기며
읽는 습관

노자의 『도덕경』 63장에 이런 구절이 있습니다.

"어려운 일을 하려는 자는 그 쉬운 일부터 하고 큰일을 하는 자는
그 작은 일부터 한다. 세상의 어려운 일은 반드시 쉬운 일에서부
터 시작되고, 세상의 큰일은 반드시 작은 일에서부터 일어난다."

5년 전 이 문장을 봤을 때는 이 글 속에 얼마나 큰 뜻이 담겨
있는지 알지 못했습니다. 그래서 대충 읽고 지나갔습니다. 그리
고 몇 년이 지나 다시 읽으며 뒤통수를 한 대 얻어맞은 것 같은

충격을 받았습니다. 특히 제가 주목한 문장은 이후 따라오는 문장이었습니다.

"이런 이치로 성인은 끝끝내 일을 크게 벌리지 않는다. 그래서 결국에는 큰일을 이룰 수 있게 되는 것이다."

당시 저는 큰 사람이 되려면 원대한 계획을 가지고 남들이 쉽게 따라 하지 못할 커다란 행동을 해야 한다고 생각하고 있었습니다. 그래서 6개월의 성장 프로젝트를 기획한다든가, 하루 10시간 전투적으로 독서에 임하겠다는 커다란 행동에 집착했습니다. 하지만 원대한 계획은 저를 반복된 실패로 이끌었고 커다란 행동은 착수하는 것에 대한 두려움을 불러일으켰습니다.

노자의 이 구절을 읽고서야 제가 무엇을 잘못하고 있었는지 깨달았습니다. 탁월한 이들은 아주 작은 것이 가지고 있는 잠재력을 알아볼 줄 아는 사람들이었습니다. 그들은 천릿길도 한 걸음부터 시작된다는 것을, 1년간의 변화도 아주 작은 5분의 성과가 모여 만들어진다는 것을 알고 있었습니다. 그러므로 그들은 처음부터 일을 크게 벌리기보다 작게 시작함으로써 결국 큰일을 이루는 것에 가까워졌던 겁니다.

여러 책을 읽으면서 이런 사소한 행동의 중요성을 자주 목격하게 되었습니다.『88연승의 비밀』에서 존 우든 감독은 자신의 팀원들에게 양말 신는 법부터 가르친다고 합니다. 이 이야기를 듣고 처음에는 프로선수들에게 이런 사소한 것들까지 가르치는 게 맞는 걸까 하는 의문이 생기기도 했습니다. 하지만 곰곰이 생각해보니 그는 사소한 것이 일으킬 수 있는 나비효과를 알고 있었던 겁니다. 양말을 잘 신는 것만으로도 물집이 생기는 걸 방지할 수 있고, 자신의 기술을 발휘하는 데에도 그 영향력이 미치게 됩니다. 최정예 군인들이 모인 네이비씰에서도 기초훈련 과정 중에 '침대 정돈법'을 필수적으로 가르친다고 합니다. 유치원생들이나 배울 법한 내용을 군인들에게 가르치는 것이죠. 일상의 사소한 행동들이 쌓여서 최정예 실력이 만들어진다는 것을 보여주는 사례입니다.

저도 축구화 끈을 제대로 매는 것의 중요성을 알게 된 적이 있습니다. 매일 끈을 단단히 매는 게 습관이 되어 있었는데, 3달 전에 딱 하루, 끈을 헐렁하게 맨 적이 있었습니다. 그날따라 뛰는데 엄지발톱에 이상한 느낌을 받았습니다. 하지만 축구의 재미에 푹 빠져 확인할 생각은 안 하고 열심히 뛰어다녔습니다. 그날 경기가 끝나고 집에 가 양말을 벗어보니 엄지발톱 전체가 시퍼렇게 멍이 든 채 거의 반쯤 뽑혀 나갈 정도로 덜렁거리고 있었습니다. 신발이 제대로 고정되어 있지 않으니 엄지발톱이

경기 내내 제 모든 체중을 받아냈던 것이었습니다. 그 이후 일주일 동안은 양말도 제대로 못 신을 정도로 고통을 받았습니다. 현재 아픔은 가셨지만 그때의 멍이 3개월이 지난 지금도 영광(?)의 상처처럼 그대로 남아 있습니다. 그 이후 축구화 끈을 아주 단단히 매고 있습니다.

탁월한 독서가가 되기 위해서도 사소한 것을 중요하게 여길 줄 알아야 합니다. 독서를 하는 많은 사람이 '책 한 권'을 읽어내는 것의 가치를 생각할 뿐 책의 한 페이지 혹은 한 문장을 읽는 것의 중요성을 생각하지 않습니다. 저는 이것이 독서의 효과를 떨어뜨리는 이유 중 하나라고 생각합니다.

책 한 권에는 저자가 직접 경험과 공부를 통해 배운 최소 3년 이상의 경험치가 담겨 있습니다. 또 어떤 책은 저자가 살아낸 평생의 경험치가 올곧이 담겨 있기까지 합니다. 그런 경험치들이 책의 문장과 페이지로 형성되어 있는 것입니다. 그렇기에 단 한 문장을 읽더라도 내 수익을 두 배로 높여주는 유익한 정보를, 인간관계의 문제를 해결해줄 깨달음을 얻을 수 있습니다. 1분 정도의 한 페이지 독서만으로도 우리 인생을 통째로 바꿀 수 있는 귀한 지혜를 얻을 수 있습니다. 독서하는 1분 1초의 시간이 너무나도 소중하다는 것을 깨닫게 되면 어떤 변화가 생길까요?

시간이 없어서 책을 못 읽는다는 말은 아마 더 이상 하지 않게 될 것입니다. 10분간의 자투리 시간에도 그 시간이 가진 잠재력을 소중히 여기며 책의 한 페이지에 집중하게 될 테니까요.

저 또한 이런 관점의 전환으로 인해 많은 변화가 생겨났습니다. 저는 수십 권의 책을 읽으며 큰 변화를 이루고 싶다는 생각을 덜 하게 되었습니다. 이제는 제 정신을 일깨워주는 딱 한 문장이면 충분하다는 생각을 하게 되었습니다. 그러니 독서를 시작하는 것도 쉬워졌습니다. **10시간 독서할 생각을 하지 않습니다. 단 5분만 독서하더라도 좋은 깨달음을 얻는 데 집중합니다.** 아니, 지금은 5분조차도 의식하지 않습니다. 책을 빠르게 펼쳐 어제의 나보다 한 걸음 나아가게 도와줄 한 문장을 찾는 데 집중합니다. 책이 읽어야 하는 과제가 아니라 언제든 편하게 다가갈 수 있는 친구 같은 존재로 변했습니다.

요즘 저는 새로운 전략이 생겼습니다. 일부러 조금씩 읽는 전략입니다. 조금씩 읽는 게 더 쉽게 자주 읽을 수 있는 방법임을 알게 되었기 때문입니다. 더 큰 사람이 되고 싶다는 생각이 들거나, 원대한 계획을 세우고 커다란 행동을 하고 싶을 때마다 저는 의식적으로 '조금씩' 나아가자고 마음먹습니다. 조금씩 읽으면 오래 할 수 있습니다. 조금씩 읽으면 독서를 더욱 사랑할 수 있습니다. 조금씩 읽으면 어느 날 나도 모르게 더 많이 읽는 날이 생겨납니다. 그러면 성취감이 샘솟고 그 성취감이 독서를 더욱 즐겁게 만들어줍니다. 조금씩 읽어보시기 바랍니다. 천릿길을 한 걸음에 나아갈 수는 없는 법입니다. 천릿길은 한 걸음부터 시작됩니다. 그러므로 우리가 집중해야 할 것은 한 걸음입니다.

기억하지 않고
기록하며 읽는 습관

대부분의 독서가들이 책을 읽고 공통적으로 원하는 결과가 있습니다. 읽은 책의 내용을 자유롭게 이야기할 수 있을 정도로 명확하게 이해하고 기억하는 것입니다. 저도 독서를 시작한 이후로 줄곧 그런 결과를 얻기 위해 지금도 노력하고 있습니다. 존경하는 작가의 책에도 이러한 모습이 자주 보입니다. 책 속의 문장을 멋지게 인용하기도 하고 책 한 권의 내용을 간략하게 요약해 설명해주는 모습을 보여줍니다. 그 모습들을 보면서 저도 꿈을 품었던 것입니다. 저도 열심히 공부해서 어떤 책의 내용이든 거침없이 이야기할 수 있는 실력을 가지겠다고요.

하지만 그런 목표를 가지고 독서할 때마다 번번이 실패할 뿐이었습니다. 그게 제게 얼마나 큰 좌절감을 준지 모르겠습니다. 몇 번이나 번개를 맞은 듯한 깨달음을 얻게 한 책이었는데 막상 책을 덮고 나면 아무것도 기억나지 않았습니다. 분명 완벽하게 이해했다고 여겼던 책인데 그 책에 대해 이야기해보려고 하면 머릿속이 하얗게 변했습니다. 기억나는 것은 강렬한 깨달음을 줬던 한두 가지 메시지일 뿐이었습니다. 너무 억울했습니다. 책 한 권을 다 읽고 이해하려고 얼마나 많은 시간과 정신적 에너지를 들였는데 겨우 기억나는 게 단편적인 한두 개 메시지라니요.

처음에 저는 제 머리 탓을 했습니다. 책을 파악하는 이해력과 분석력이 형편없다고 생각했습니다. 또 내용을 기억하는 암기력 또한 형편없다고 생각했습니다. 왜 나는 천재적인 두뇌를 가지고 태어나지 못한 걸까 억울하기도 했습니다. 나중에서야 깨달은 사실은 저의 두뇌에는 아무런 문제가 없었다는 것입니다. 문제는 저의 사고방식에 있었습니다.

저는 책의 내용을 '기억'하려고 했었습니다. 그러나 뇌과학과 학습법에 대해 공부하면서 나중에서야 알게 된 것은 이렇게 '기억하려는 시도' 자체가 부질없다는 것이었습니다. 뇌는 한 번 본 것들을 한 번에 기억하도록 설계되지 않았습니다. 한 번 본

것들을 모두 기억하려고 하면 뇌는 가치의 중요도를 판단하고 평가하는 일보다, 중요하지 않은 것들까지도 '기억하는 일'에 너무 많은 에너지를 소모하게 될 것입니다. 그렇기에 우리 자신이 발견한 것들 중 '중요하다'고 여겨지는 일들만 특별히 기억하게 끔 설계되었습니다. 단기기억이 장기기억이 되는 것이죠.

가령, 길을 가다가 한 번 본 간판 이름은 단기기억에 잠시 머물렀다가 사라집니다. 하지만 만약 그 간판이 자신에게 매우 중요한 정보였다면 어떨까요? 몇 번이고 뇌 속에서는 그 간판 이름과 이미지를 되풀이합니다. '반복'을 통해서 뇌는 단기기억을 장기기억으로 전환합니다. 물론 이때 단순한 몇 번의 반복만으로 장기기억이 형성되는 것은 아닙니다.

장기기억을 만드는 여러 가지 요소들이 있습니다. 놀라움, 두려움 등과 같은 '강렬한 감정'이 함께 동반되면 장기기억이 더 빠르게 형성됩니다. 또한 시간이 지난 후에 다시 떠올려보는 '시간 간격을 둔 반복'을 통해서 장기기억은 더욱 공고하게 형성됩니다. 이렇게 '장기기억'이라는 결과물을 얻으려면 여러 가지 과정이 필요한데도 불구하고, 저는 책을 단 한 번 읽고 모든 것을 기억하고 싶어 했습니다. 두 팔을 파닥거리면서 하늘을 날겠다는 시도를 하는 것처럼 불가능한 일을 기대하고 있었던 것입니다.

이것을 알게 된 이후로 저는 저의 머리를 탓하지 않게 되었습니다. 방법의 문제라는 것을 알게 되었으니까요. 그렇다면 도대체 탁월한 독서가들은 어떤 식으로 독서를 하기에 많은 책의 내용들을 기억 속에 가지고 있는 것일까 궁금했습니다. 그 과정에서 탁월한 이들이 공통적으로 하고 있는 독서 방법 한 가지를 알게 되었습니다. 바로 '기록'이었습니다. 그들은 기억하려는 시도 자체를 하지 않았습니다. 그들은 자신의 기억력, 아니 인간의 기억력이 형편없다는 사실을 이미 알고 있었습니다. 그렇기에 탁월한 이들은 책을 읽으며 중요한 깨달음을 얻으면 그것을 반드시 기록해두는 습관을 가졌습니다. 순간의 깨달음이 영원하지 않으리란 걸 잘 알고 있었습니다.

저와는 반대였죠. 저는 그 순간에 찾아오는 깨달음이 너무나도 명확하고 강렬해서 평생 저의 기억 속에 남을 거라 생각했습니다. 하지만 그런 깨달음도 며칠, 아니 하루를 못 가 사라지는 것을 여러 번 경험하고서야 기록의 중요성을 알게 되었습니다. 기록을 통해 순간의 깨달음을 붙잡아두지 않으면 기억은 사라집니다. 사라지면 다시 반복할 수 없습니다. 반복할 수 없기에 당연히 기억할 수 없습니다.

하지만 기록을 해두면 어떨까요? 기록을 하면 그 순간에 느졌던 감정을 나중에 정확히 확인할 수 있고 다시 공감할 수 있습니다. 중요한 정보들을 따로 뽑아 기록하면 책을 다시 읽어보지 않아도 반복 효과를 얻을 수 있습니다. 만약 그 정보를 삶에 어떤 식으로 적용해야 할지 적어두었다면 일상에서 두고두고 활용할 수 있습니다. 또한 기록을 보며 자신이 잘 성장해가고 있는지 피드백할 수도 있을 것입니다.

그래서 저는 한동안 기록 습관을 만들려고 노력했습니다. 앞서 파트 2에서 소개했듯이 책의 중요한 대목이 있으면 발췌해두고 그 아래에 저의 깨달음을 기록했습니다. 그런데 어느 순간부터는 기록하는 시간이 아깝다고 느껴지기 시작했습니다. 책을 읽는 속도가 너무 느려지니 답답했고 다른 사람보다 독서 성취가 늦어지는 것 같아 조바심이 나기도 했습니다. 그래서 또 한참 동안 기록은 하지 않고 책만 읽는 데 집중하는 시간을 보냈습니다. 그렇게 기록하는 시간도 충분히 가져보고, 기록하지 않는 시간도 충분히 가져보면서 확실히 깨달은 게 있습니다. 기록을 하는 게 훨씬 시간을 아끼는 길이라는 겁니다.

우리가 책을 읽는 목적이 무엇일까요? 다양한 이유가 있겠지만 책을 통해 얻은 깨달음이 삶의 변화로 이어지는 것, 이것이 많은 사람이 독서를 통해 얻고자 하는 게 아닐까요? 이런 목적을 생각해보면 무작정 더 많은 책을 빠르게 읽는 것은 별로 유익한 일이 아니라는 걸 알 수 있습니다. 느리더라도 기록을 통해 더 깊이 사유하는 과정을 함께해야만 책의 내용이 내면에 스며듭니다. 또 기록해두면 기억해야 한다는 스트레스에서 해방되어 책 읽기가 더욱 즐거워집니다. 기록해둔 것을 토대로 실제 삶에서 실천도 더 잘할 수 있습니다. 펼쳐 보기만 하면 언제든 필요할 때 확인할 수 있으니까요. 또 기록을 하다 보면 자연스럽게 글쓰기 연습도 할 수 있어서, 생각을 언어로 표출하는 능력까지 훈련할 수 있습니다. 이게 습관화되면 말하기 능력까지 더 좋아집니다.

책을 그냥 읽기만 할 때도 우리는 '이해하고 있다는 느낌', '성장하고 있다는 느낌', '똑똑해지고 있다는 느낌'을 받습니다. 하지만 이것은 그 순간의 느낌일 뿐, 실제로 성장하는 길이 아니란 것을 명심해야 합니다. 세상의 많은 사람이 이 느낌에 속고 있습니다. 그래서 어떻게든 권수를 늘리는 독서에 빠져드는 것이죠. **탁월한 이들은 반대로 갑니다. 느리지만 확실한 성장의 길입니다. 바로 기록을 통해서 책 속의 현자들과 깊은 대화를 나눕니다.** 지금 당장 노트를 펴고 이 글을 읽은 소감을 조금이라도 적어보시기 바랍니다. 그리고 3일 뒤에 그 노트를 다시 확인해보세요. 기록해야 하는 이유를 명확히 알게 되실 것입니다.

재독하며
읽는 습관

좋은 책을 발견하고 소장하는 즐거움은 독서를 하면서 절대 놓칠 수 없는 행복 중 하나가 아닐까 생각합니다. 그래서 저는 도서관에서 책을 빌려 보다가도 좋은 책이 있으면 반드시 구매하고 있습니다. 그래야 언제든 다시 읽어볼 수 있기 때문입니다. 다시 필요할 때 빌리면 되지 않느냐고 생각하실 수도 있습니다. 그런데 그런 필요조차도 다시 느끼려면 책이 곁에 있어야 한다는 게 저의 확신입니다. 한 번 읽고 반납해버린 책들은 그 책을 내가 읽었는지 아닌지도 헷갈리게 됩니다. 또 나중에는 그 책의 존재 여부까지 잊게 됩니다. 즉, 몸에서 떠나 버린 책들은 다시 읽을 가능성 자체가 거의 사라져 버리는 것입니다.

앞서도 소개했지만, 단기기억을 장기기억으로 전환하려면 '시간 간격을 둔 반복'이 중요합니다. 독서 활동에서 '시간 간격을 둔 반복'은 무엇일까요? '다시 읽기', 바로 재독입니다. 한 번 읽고 마는 것이 아니라 다시 읽어야만 책의 내용을 더 깊이 이해하고 자신의 것으로 만들 수 있습니다. 처음 읽을 때만큼 많은 시간을 들이지 않아도 괜찮습니다. 아무 곳이나 펼쳐서 훑어보는 것만으로도 큰 효과를 얻을 수 있습니다. 이전에 이미 읽었던 책이기에 짧은 되새김질만으로도 습득 효과가 더 큰 것입니다.

전호근 교수는 『나는 이렇게 읽었다』라는 책에서 그에게 '읽었다'는 행위는 일반적으로 여기는 '눈으로 한 번 읽었다'를 나타내는 게 아님을 강조합니다. 그는 한두 번 읽은 적이 있는 정도가 아니라 수십 번, 수백 번 읽었고 그 내용이 머릿속에 고스란히 있을 때 무언가를 '읽었다'라고 여긴다고 말했습니다. 재독을 해야만 책의 내용을 자기 것으로 만들 수 있다고 강조했습니다. 그 이후부터 저도 '어떤 책을 읽었다'라고 생각하는 것에 대해 조금 다르게 받아들이게 되었습니다. 한 번 읽었다고 그 책에 대해 다 알았다고 자만하기보다 나중에 다시 꼭 읽고 곱씹어보는 습관을 들이자고 생각하게 되었습니다.

독서를 대하는 태도를 보면 그 사람이 책을 잘 읽고 있는지를 파악해볼 수 있습니다. 읽는 행위만 신경을 쓰는 사람보다 읽은 후 자신의 것으로 내면화하는 과정까지 신경 쓰는 사람이 탁월한 독서에 다가설 수 있습니다. 내면화하려면 당연히 재독이 필요합니다. 읽자마자 바로 다시 반복해 읽는 것보다 '시간 간격을 두고서' 다시 읽어야 합니다.

독일 심리학자 에빙하우스에 따르면 복습 주기를 즉시, 1일 이내, 일주일 이내, 1달 이내로 해줄 때 복습 효과가 가장 좋다고 합니다. 책도 이런 식으로 반복해 읽어주면 좋겠지만 이렇게 지나치게 치밀하게 계산된 접근은 오히려 독서에 대한 스트레스를 높이게 될 것이라 생각합니다.

그래서 저는 일부러 시기를 정해두고 다시 읽기보단 애독서만 모아놓은 책장에 꽂아둔 후 한 번씩 책과 눈이 마주칠 때마다 꺼내 보고 있습니다. 아니면 다른 책을 읽다가 비슷한 내용을 발견하고서 다시 그 책의 내용을 확인하고 싶다는 생각이 들 때 바로 꺼내보고 있습니다. 이렇게 하면 독서에 대한 즐거움을 유지하면서도 재독의 효과를 톡톡히 얻을 수 있게 됩니다.

좋은 책을 소장하고 수십 번 읽게 되면 놀라운 효과를 얻게 됩니다. **육체는 더 이상 책을 읽지 않아도 정신은 계속해서 책을**

읽게 됩니다. 책 속의 내용이 무의식 속에 차곡차곡 쌓이며 그 지혜가 생각, 말, 글에 자연스럽게 흘러나오게 됩니다. 그게 책을 통해 얻은 생각인지, 아니면 원래부터 자신이 가지고 있던 생각이었는지 분간하는 것조차 쉽지 않은 상태가 됩니다. 문장과 혼연일체가 되는 것입니다.

책을 수십 번 읽는다는 것에 겁먹을 필요는 없습니다. 처음 읽을 때 들였던 시간이 똑같이 수십 번 필요한 것은 아니기 때문입니다. 반복해 읽으면 읽을수록 책을 읽는 속도는 빨라집니다. 어떤 내용에 정신을 집중해야 하고 어떤 내용을 무시하며 읽어도 되는지 이미 잘 알고 있기 때문입니다. 그래서 책을 처음 읽을 때와 효과는 똑같이 얻지만 들어가는 시간과 에너지는 더 적습니다.

저는 재독을 하지 않는 분들이 조금 안타깝다는 생각까지 들 때가 있습니다. 왜냐하면 들이는 수고에 비해 얻는 것이 너무 적을 수밖에 없기 때문입니다. 새로운 책을 끝없이 찾아만 다니는 독서는 중요한 내용을 충분히 반복하지 않기 때문에 그 노력이 성과로 바뀌기 전에 사라져 버립니다. 노력이 축적되는 게 아니라 계속 새어나가는 것입니다. 하지만 재독을 하는 사람은 다르죠. 그들의 노력은 결과물이 쌓입니다. 책의 지혜가 삶에서 우러나올 때까지 반복하기 때문입니다. 독서가 성과로 이어지게 되면 책 읽기가 더욱 즐거워집니다. 독서의 깊은 맛을 누리게 됩니다.

『책 읽는 책』의 저자 박민영은 책과의 '물리적인 거리를 좁히는 것'이야말로 책과의 관계를 긴밀하게 만드는 최고의 방법이라고 강조합니다. 그래서 매달 한 권씩이더라도 직접 서점에 가서 책을 구입하라고 권하고 있습니다. 저도 동의합니다. 물리적인 거리가 정신적인 거리에도 영향을 미칩니다. 책을 곁에 두면 그 책의 존재가 나의 정신세계에서 떠날 일이 사라집니다. 그 책의 내용을 기억하지 않아도 괜찮습니다. 언제든 꺼내볼 수 있으니까요.

눈에서 멀어지면 마음에서도 멀어진다는 말은 정말로 맞는 말입니다. 책과의 관계도 인간관계와 같다고 생각합니다. 눈에서 가까워질수록 더 친해지게 됩니다. 좋은 책은 내 성장을 이끄는 스승이 되기도 하고, 내게 힘이 되어주는 친구가 되기도 합니다. 내 삶에 너무나도 중요한 한 사람을 대하듯, 좋은 책을 곁에 두시기 바랍니다. 그러면 그들 또한 여러분께 최고의 친구가 되어드릴 것입니다.

좋은 약은 남용하면 독이 될 수 있습니다.
하지만 좋은 책은 남용하면 할수록
인생에 더 좋은 쓸모를 가져다줍니다.
또한 자신이 좋아하는 책을 읽을 때
의지력과 독기도 더 효과적으로 발휘됩니다.

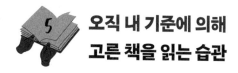

5 오직 내 기준에 의해 고른 책을 읽는 습관

베스트셀러야말로 최고의 책이라는 생각을 가졌을 때가 있었습니다. 저 한 사람의 판단보다 더 많은 사람의 생각이 모인 결과물이니 제가 직접 고르는 것보다 훨씬 더 나을 수밖에 없다라고 생각했습니다. 그리고 정말로 그랬습니다. 다수가 좋다고 평가하는 책들은 언제나 만족스러웠습니다. 대부분의 베스트셀러들 모두 제가 몰랐던 지식을 알려주면서도 설명이 쉽고 재밌어서 제 입맛에 딱 알맞았습니다. 그러다 댄 S. 케네디와 리 밀티어가 함께 쓴 『레니게이드』를 읽다가 머리를 얻어맞는 것 같은 깨달음을 주는 문장 하나를 만났습니다. 저자는 강력하게 주장했습니다.

"다수는 언제나 옳지 않다."

여기서 '언제나'라는 단어가 저를 붙잡았습니다. 어떤 분야, 어떤 모임이든 상관없이 그중 다수는 옳지 않다는 것입니다. 그러므로 옳은 길을 가고 싶다면 다수가 가는 길을 좇지 말고 소수가 가는 길을 따라야 한다고 저자는 강조했습니다. 저자는 또 말했습니다.

"우리가 오랜 세월 함께한 학교 선생님과 가족, 친구, 직원 등을 돌아보며 그들 중 95퍼센트가 틀렸고, 그렇기에 무시해야 마땅하고 조언을 구할 필요도 없다고 결론 내리는 것은 결코 쉬운 일이 아니다. 그러나 실제로 그게 현실이다."

이 책은 '부와 성공'에 대해 알려주는 책입니다. 그런데 저는 부자가 되는 것뿐 아니라 탁월한 독서가가 되는 것에도 이 이치가 통한다는 생각을 하게 되었습니다. 독서가들이 모인 곳에도 다수의 의견이 있습니다. 바로 제가 좋아하던 베스트셀러들 말이지요. 그런데 '다수는 언제나 옳지 않다'고 한다면 베스트셀러를 최고의 책이라 여기던 저의 생각에도 분명 문제가 있는 게 아닐까 생각해보게 되었습니다.

나중에서야 확신을 얻게 되었습니다. 정말로 다수는 옳지 않다는 것을요. 제가 베스트셀러를 좋아했던 이유는 저 스스로 좋은 책을 알아볼 실력이 없었기 때문입니다. 아직 정말로 맛있는 음식을 먹어보지 못했고 충분한 경험도 쌓지 못했기에 그저 달고 짜기만 하면 최고라고 여겼던 것입니다. 정말로 좋은 책을 고를 줄 알게 되면서부터 베스트셀러를 바라보는 시각 또한 바뀌기 시작했습니다. 베스트셀러는 본질적으로 '좋은 책'이 될 수 없었습니다. 왜일까요? '좋은 책'이란 바로 각자의 삶에 가장 필요한 책이어야 하기 때문입니다. 다수의 필요를 채우는 책이 아니라 개인 한 사람, 한 사람에게 필요한 책이 바로 좋은 책입니다.

자신의 현재 필요를 충족시켜주는 책이 가장 좋은 책입니다. 베스트셀러는 그저 '많은 사람이 좋아했더라'는 평가를 나타내주는 지표일 뿐입니다. 그 책이 현재 나의 삶에 도움이 될 책인지, 과거의 나에게 도움이 될 책이었는지, 아니면 미래의 나에게 도움이 될 책인지는 알 수가 없습니다. 내 삶에는 하등 도움이 되지 않을 책일 가능성도 있습니다. 그렇기에 베스트셀러에 의지해 책을 선정한다는 것은 '자신의 삶'은 전혀 고려하지 않고 '타인의 삶'에 기대는 것과 같습니다. 요즘 트렌드를 읽으려는 목적이 있는 경우에는 베스트셀러 읽기가 도움이 되겠지만 그게 아니라면 베스트셀러에 관심 가지기보다는 '자기 자신의 필요'에 집중해 책을 골라야 합니다.

'나는 무엇이 필요한 사람일까?'라고 질문을 던져봐야 합니다. 이 질문을 자주 던지며 답하다 보면 알게 되는 것이 있습니다. 삶의 순간마다 필요한 것도 달라진다는 사실을요. 동기부여가 필요할 때도 있고, 위로가 필요할 때도 있습니다. 방법을 모를 때는 지식이 필요하고, 두려움에 떨고 있을 때는 희망과 용기가 필요합니다. 이렇게 자신의 필요에 맞게 책을 읽는 태도가 중요합니다. 자신의 관심사와 수준도 고려해야 합니다. 그래야 더 즐겁게 독서 습관을 이어갈 수 있을 테니까요. 결국 책을 잘 고르는 지혜는 자신을 잘 아는 것으로부터 시작된다는 걸 알 수 있습니다. 남의 기준이 아니라 나의 기준으로 고른 책이야말로 진정한 '베스트 북'입니다. 이제 저는 흥미로운 베스트셀러를 보더라도 그게 현재 나에게 어떤 필요를 가져다줄지 한 번 더 생각해보고 읽게 되었습니다.

그런데 저만의 예외 조항이 있습니다. 베스트셀러는 저의 필요를 고려하며 필터를 거쳐 판단하고 있지만 스테디셀러만큼은 다릅니다. 특히 몇백 년을 넘어 천 년 이상을 사랑받아온 『논어』, 『도덕경』, 『명상록』, 『불경』, 『성경』 등과 같은 고전이라면 저의 현재 상황조차 고려하지 않습니다. 조건 없이 사랑부터 주고 봅니다. 시간이라는 강력한 거름망을 거쳐 살아남았기 때문입니다. 그렇게 시간의 흐름과 시대의 변화에 상관없이 사랑받아온 고전들은 우리 인간의 변치 않는 본질을 다루고 있습니다. 우리 본능 속에 있는 필요를 채워주기 때문에 저의 개인 거름망조차 필요하지 않습니다. 물론 이런 책들을 읽을 때도 비판적인 시각을 항상 열고 있으려고 하지만 책을 선택하는 기준에서만큼은 열린 마음을 가지고 있습니다.

책을 읽는 중요한 이유 중 한 가지는 '다른' 삶을 살아가기 위함이라고 믿습니다. 이전의 내가 살던 삶과의 '다름'일 수도 있고, 타인이 살아가는 모습과의 '다름'일 수도 있습니다. 그런데 **우리는 책을 읽으면서 또 다시 남들과 같아지려 했던 것은 아닐까요? 다수는 언제나 옳지 않습니다. 탁월한 독서가들은 소수의 길을 따릅니다.** 다른 독서가들의 평가보다 자신의 판단을 먼저 고려합니다. 때론 나를 위한 선택을 함에 있어서 판단력이 흐려질 때면 대중이 추구하는 길이 아니라 자신이 존경하는 인물이 나아가는 소수의 길을 따릅니다.

발타자르 그라시안은 "자신만의 방식을 터득하지 못한 사람에게는 지름길이나 오솔길보다는 안전한 대로가 적합하다"라고 했습니다. 자신에 대해 모르고, 자신만의 방식을 터득하지 못한 사람들은 베스트셀러를 읽는 게 최선일 수 있습니다. 하지만 이 말을 돌려서 말하면, 자신만의 방식을 터득한 사람은 자신만의 오솔길로 나아갈 수 있습니다. 그리고 그 길이 바로 성장의 지름길입니다. 여러분들은 다수가 걷는 안전한 대로 위에 계신가요? 아니면 여러분들만의 오솔길을 만들어가고 계신가요?

6 실천하며 읽는 습관

저는 과거에 책 1만 권을 읽으면 인생이 바뀐다고 생각할 때가 있었습니다. 어리석은 생각이었습니다. 1만 권을 읽으면서 그 지식을 머릿속에만 넣는 사람과 단 한 권을 읽더라도 그 지식을 적용할 수 있는 부분을 생각해보고 실제로 활용해보는 사람 중 누가 인생을 변화시킬 수 있을까요? 후자일 것입니다. 실행 없이 머릿속에만 넣는 지식들은 모두 반쪽짜리 지식으로만 남게 됩니다. 그리고 그런 지식들은 우리 뇌를 스쳐 지나가버릴 뿐 우리의 삶에 아무런 영향을 미치지 못합니다. 물론 살아가다 보면 목적 없이 머릿속에 쌓아놓은 지식들도 무의식

중에 도움을 줄 수 있습니다. 그렇게 책을 읽기 전보다 삶이 더 좋은 방향으로 변화될 수 있습니다. 이것이 책의 중요한 역할 중 하나입니다.

하지만 지식의 활용을 이렇게 우연에 맡겨 버린다면 너무나도 안타까운 일입니다. 탁월한 독서가들은 지식의 실천을 운에 맡기지 않습니다. 지식을 익힐 때부터 삶에 적용할 부분을 함께 염두에 두고 있습니다.

아는 형님 한 분이 제게 습관에 관련된 책 한 권을 추천해 달라고 한 적이 있습니다. 습관을 고치고 싶은데 고민이 많다고 하면서요. 그래서 제가 읽고 좋았던 책 한 권을 소개해드렸습니다. 일주일이 지나 그 책을 읽어봤다고 연락을 하셨습니다. 그런데 이렇게 말씀하는 것입니다. "책이 별로 새로울 게 없었다"라고요. 이미 다 아는 내용만 가득했다는 것입니다. 읽는 데 지루하기도 했고 실망도 했다고 말했습니다. 저는 책 속에 있는 내용을 시도해봤는데도 습관이 고쳐지지 않으셨냐고 여쭤봤습니다. 그러자 그 형님이 한 말이 제 말문을 막아버렸습니다.

"다 아는 내용이어서 당연히 시도는 안 해봤지."

많은 독서가들이 삶을 변화시키겠다는 목적으로 책을 듭니다. 하지만 많은 이들은 지식을 적용하지 않고 지식을 얻는 즐거움에만 빠져 있습니다. 깨달음의 희열에만 빠져 있는 것입니다. 그 형님도 그랬던 것 같습니다. 습관을 바꾸겠다는 목적을 내세우고 있었지만 단순히 깨달음을 얻는 데에만 그치고 있었던 것입니다. 물론 이런 '깨달음의 재미'를 추구하는 독서가 절대 나쁜 것은 아닙니다. 앞에서 '즐거움을 누리며 읽는 것'이 중요하다고 강조했던 것을 기억하시나요? 즐거움은 우리가 그 독서를 더 열정적으로 지속하게 해줍니다. 그래서 저도 깨달음의 재미만을 얻는 데 많은 시간을 보내고 있습니다.

하지만 삶을 변화시키고 싶은 목적이 있다면 깨달음을 얻는 즐거움에서 한 걸음 더 나아가야 합니다. 얻은 지식을 삶에 적용해야 합니다. 지식을 적용해보면서 그 지식이 실제로 어떤 효과를 내는지 명확히 느껴봐야 합니다. 그 과정에서 지식의 적용 능력이 상승합니다. 지식이 어떤 맥락 속에서 활용되고 또 어떤 식으로 지식을 응용해 나가야 하는지 알게 됩니다. 또한 이때야 비로소 깨달음의 희열뿐만 아니라 독서가 삶을 바꾸는 깊은 즐거움까지 맛볼 수 있습니다.

머릿속 문장으로만 존재하는 게 아니라 내 삶에 적용하는 과정까지 함께해야 진짜 지식이 됩니다. 경기장에서 써먹을 수 없는 기술은 기술이 아닌 것처럼, 실생활에서 사용할 수 없는 지식을 지식이라고 말할 수는 없습니다. 탁월한 독서가들은 가장 적절한 순간에 책에서 배운, 상황에 맞는 지식을 활용해봄으로써 머릿속에 죽어 있던 지식을 팔딱팔딱 살아 있는 지식으로 변화시킵니다. 저는 그 살아 있는 지식이 바로 '지혜'라고 믿습니다.

그리고 이들은 지식에 대해 쉽게 떠들지도 않습니다. 직접 실행 과정을 이어나가는 게 머리로만 아는 것보다 몇십 배 어렵다는 것을 잘 알고 있기 때문입니다. 그래서 이들의 말에는 무게가 있습니다. 경험이 동반된 진짜 지식의 무게가 담겨 있습니다. 실천하지 않는 지식은 죽은 지식입니다. 여러분들의 지식은 살아 있나요? 죽어 있나요?

지식을 나누며
읽는 습관

처음 책을 읽을 때는 100권 정도를 읽으면 삶이 무언가 엄청나게 뒤바뀌게 될 것이라 생각했습니다. 그리고 책 1,000권 정도를 읽으면 제가 꿈꾸는 성공한 삶이 이루어질 것이라 생각했습니다. 100권을 읽고 알게 되었습니다. 제가 상상했던 변화는 그런 식으로 찾아오는 게 아니란 것을요. 1,000권을 읽고서 깨닫게 되었습니다. 삶의 성공은 읽은 책의 권수와는 전혀 상관이 없다는 것을요.

고바야시 마사야의 『10억 공부법』을 읽으면서 이를 명확하게 깨닫게 되었습니다.

"성공과 행복을 명확히 구분하라. 행복은 당장 혼자서도 누릴 수 있다. 퇴근 후 마시는 술 한잔으로도 사람은 소소한 행복을 느낀다. 하지만 비즈니스의 성공은 온전히 고객에 의해 발생한다. 자기의 행복만 파고들면 성공은 불가능하다."

이 문장을 읽으며 성공과 행복의 차이를 구분할 수 있게 되었습니다. 행복은 혼자서도 가능하지만 성공은 혼자서 이룰 수 없습니다. '성공'은 타인과의 관계 사이에서 나타나는 결과물입니다. 혼자서 무언가를 열심히 익히고 더 똑똑해진다고 자연스레 성공이 따라오는 게 아닙니다. 성공은 무인도처럼 혼자 있을 때 이루어지는 게 아니라 사람들에게 연결되는 과정에서 어떤 특정한 작용에 의해 생겨나는 부산물입니다. 성공의 비결은 타인에게 가치를 제공함으로써 기여하는 것, 즉 '공헌'에 있습니다.

이것을 알게 된 이후부터 탁월한 독서가들의 특정한 습관 한 가지가 바로 눈에 띄었습니다. 탁월한 독서가들에게는 '공헌하면서 읽는 습관'이 있었습니다. 자신의 앎을 채우는 데만 그치지 않고 자신이 얻은 지혜를 타인에게 아낌없이 나눌 줄 알았습니다. 책을 읽으며 얻은 지식을 자신의 이득만을 위해 사용하는 것이 아니라 타인의 이득을 위해서도 베풀 줄 아는 넓은 마음을 가지고 있었습니다. 이들은 자신이 알게 된 것을 사람들에게 전할 때 큰 기쁨을 느꼈고 그 과정이 이어지며 사회적 성공 또한 뒤따르게 되었습니다.

지식을 나누면 개인의 성장에도 도움이 됩니다. 자신이 읽은 책에 대해 이야기하다 보면 그 말을 하고 있는 본인이 그 책에 대해 더 깊게 이해하게 됩니다. 말과 글로 한 번이라도 설명해 본 내용은 뇌에 더 깊이 각인되어 사라지지 않습니다. 또한 지식을 말과 글로 나누는 과정에서 지식을 표현하는 실력이 좋아집니다. 무언가를 많이 알고 있다고 말을 잘하고 글을 잘 쓰는 게 아닙니다. 알고 있는 것을 자주 밖으로 꺼내봐야 표현하는 실력이 늘어납니다. 지식을 이해하는 것과 지식을 전달하는 것은 다른 일이기 때문입니다.

과거 저는 독서를 통해 얻은 지식을 나누는 게 너무 아깝다는 생각이 들 때가 있었습니다. 수많은 책들 중에서 걸러낸 좋은 책들을 공유하고, 많은 시간과 공을 들여 얻은 책 속의 통찰들을 전하는 게 아깝다고 느꼈습니다. 제가 시행착오를 겪으며 알게 된 것들을 남들은 너무 쉽게만 얻어가는 것 같아 나누는 게 두려웠습니다. 그런데 이런 편협한 생각들이 저의 '내면의 발전'과 '사회적 성공' 모두를 가로막고 있다는 것을 알게 되었고, 조금씩 저의 생각과 행동을 바꾸기 시작했습니다. 책을 추천하고 제 생각을 전하는 일에 더 많이 참여하기 시작했습니다. 그러자 정말로 제게 좋은 일들이 많이 생겨나는 것을 경험했습니다.

책을 이해하는 능력이 늘었습니다. 글쓰기 실력, 말하기 실력도 조금씩 늘어나는 게 느껴졌습니다. 또 제 영상과 글을 좋아해주시는 분들이 더 많아지는 것도 눈에 보였습니다. 그제야 제가 가진 것을 아낌없이 전하는 것이야말로 함께 승리하는 길임을 알게 되었습니다. 저만 손해 보고 남들만 이득을 보는 일이 아니었습니다. 가진 것을 아낌없이 나눌 때 탁월한 독서가로 성장해갈 수 있습니다.

그런데 제게 또 하나의 고민이 생겼습니다. '공헌하며 읽는 습관'이 중요함을 머리로는 알고 있었지만 제 마음 깊은 곳에서 '나누고자 하는 욕구'가 느껴지지 않았기 때문입니다. 제가 보기에 탁월한 이들은 저처럼 성공을 목적으로 나눔을 행한 게 아니었습니다. 타인을 돕고자 하는 욕구가 내면에서부터 우러나와서 나눔을 행했고 그 결과 자연스럽게 성공으로 이어질 수 있었습니다. 그런데 저는 '나누는 활동'보다는 저의 내면에 지식을 쌓는 활동이 더 즐거웠고 더 중요하게 여겼습니다. 나눔에 대한 욕구는 거의 없었고 지식을 얻고자 하는 욕구만 강했습니다. 그래서 저는 제가 성공하기엔 자격 미달인 사람이라고 생각해 한

동안 자괴감에 빠지기도 했습니다.

그런데 이 문제도 시간이 지나면서 해결되었습니다. 제게 나누고자 하는 욕구가 생기지 않았던 이유는 제가 가진 지식과 기술이 아직 충분히 계발되지 않은 상태였기 때문이었습니다. 스스로가 봐도 아직 부족함이 많은 지식을 가지고 남들에게 나누고 싶은 욕구가 생길리 없었습니다. 누군가에게 유익함을 전할 수 있다는 자신감을 느낄 수 없었으니까요.

하지만 시간이 지나면서 점차 제게도 어느 정도의 지식이 생겨났습니다. 독서법에 대한 지식이었습니다. 오랫동안 독서법에 대해 갈급함을 느꼈고 그 갈급함을 채우기 위해 열심히 관련 책을 읽고 지식을 모으고 정리했습니다. 독서법에 대한 갈급함이 어느 정도 채워지고 나니 달라졌습니다. 저에게도 '나누고자 하는 욕구'가 생겨났습니다. 과거의 저처럼 독서법에 대해 고민하고 있는 분들이 자꾸 생각났고 그런 분들을 돕고 싶다는 생각이 자연스럽게 마음에서 우러나왔습니다. 그제야 과거의 저에게 '공헌 욕구'가 생기지 않았던 이유도 알게 되어 기뻤습니다. '자신의 그릇에 물이 충분히 차야 그 물을 나누고 싶다는 욕구도 더 크게 생겨난다는 것'을 깨닫게 되었습니다.

자신이 가진 지식을 아낌없이 나눠주는 과정에서 내면의 발전도 사회적 성공도 얻습니다. 무엇보다도 타인의 삶을 도울 때 얻는 기쁨은 그 어떤 것과도 바꿀 수 없는 큰 보상입니다. 여러분들도 공헌하며 읽는 습관을 가져보시기를 바랍니다. 주위 사람들에게 나누는 것도 좋고 유튜브 영상이나 블로그 글로 나눠보는 것도 좋습니다. 그 과정에서 독서한 내용이 더 깊게 스며들고 지식을 다루는 사람으로서의 능력치도 상승하게 될 것입니다.

공헌할 때 조심해야 할 한 가지도 있습니다. 좋은 지식은 그 지식을 가장 필요로 하는 사람에게 전달되어야 합니다. 때문에 해당 지식을 원하지 않는 사람에게 무작정 가르치려 드는 것은 공헌이 아님을 꼭 기억하시기 바랍니다.

불편하고 낯선 지식을
즐기며 읽는 습관

탁월한 독서가들의 습관에 대해 탐구하면서 알게 된 또 한 가지 특징이 있습니다. 기존에 잘 알고 있던 지식을 반복하는 것보다 '새로운 배움'을 얻는 걸 더욱 즐긴다는 것이었습니다. 제가 가진 성향과는 반대여서 좌절감을 느꼈습니다. 탁월한 독서가가 되는 게 제게는 요원한 일인 것처럼 느껴졌으니까요. 새로운 지식을 익히는 건 언제나 불편하고 두려웠습니다. 그것보다 제가 잘 알고 있는 지식을 공부하는 게 더 즐겁고 반가웠습니다.

특히 한 번도 읽어보지 않은 책을 펼쳐 보는 걸 매우 힘들어

했습니다. 제가 몰랐던 내용들이 갑자기 쏟아져 들어오는 느낌이 꺼림직했습니다. 꼭 저를 궁지로 모는 것처럼 느껴졌거든요. 그래도 성장해야 한다는 생각에 새 책을 자주 사기는 했습니다. 하지만 바로 펼쳐 보지 않고 책장에 꽂아버리곤 했습니다. 그러곤 이미 읽었던 책을 자주 봤습니다. 그 책들은 어떤 내용이 있는지 예상할 수 있어서 페이지를 넘기면서도 불안하거나 두렵지 않았거든요. 제게 편안함을 주었습니다. 그렇게 제 책장에는 읽은 책보다 읽지 않은 책들이 더 많아지게 되었습니다.

이런 저의 성향을 적나라하게 직시하게 해준 책이 있었습니다. 캐롤 드웩의 『마인드셋』이었습니다. 이 책은 성장을 바라보는 두 가지 관점을 알려줍니다. '성장 마인드셋growth mindset'과 '고정 마인드셋fixed mindset'입니다. 성장 마인드셋은 특정한 노력과 전략만 있으면 자신이 현재 가진 자질을 얼마든지 길러낼 수 있다는 믿음을 나타냅니다. 고정 마인드셋은 정반대입니다. 인간의 자질은 고정되어 있으며 원래부터 잠재력을 타고나야만 능력을 발휘할 수 있다고 믿습니다. 책에서는 이런 태도를 가지고 있는 사람들이 어떤 특징을 가지며 또 그 태도가 어떤 결과를 초래하게 되는지 잘 설명해주고 있었습니다.

고정 마인드셋을 가진 사람들은 자질이 고정되어 있다고 믿기 때문에 성장하기 위한 노력을 덜 하게 됩니다. 하지만 그래도 자신이 괜찮은 사람이라는 것을 보이고 싶어합니다. 그래서 어떻게든 현재의 능력을 증명하려는 것에 집착하게 됩니다. 새로운 무언가를 익히기보단 자신이 알고 있는 것을 확인하는 것을 좋아합니다. 경쟁을 할 때도 자신보다 강력한 상대를 찾으려 하기보다는 자신보다 약한 사람을 찾아 우월감을 느끼는 데 집중합니다.

책에서 설명하고 있는 이런 고정적 성향들은 꼭 저의 모습을 표현하고 있는 듯 했습니다. 비단 독서하는 것뿐만 아니라 일, 운동, 인간관계에서의 제 모습도 모두 고정 마인드셋을 지닌 사람의 모습이었습니다. 운동을 하면서도 저는 새로운 기술을 익히는 것보다 이미 알고 있는 기술을 반복하는 걸 좋아했습니다. 저를 성장시키기보단 사람들을 이겨서 저의 존재를 증명하는 것을 좋아했습니다.

이런 모습들이 독서에도 똑같이 반영되고 있었습니다. 저는 성장을 위해 나아가고 있다고 스스로를 속였지만 사실 현재의 저를 증명하는 데 더 초점을 맞추고 있었던 것입니다. 그러다 보니 새로운 책, 새로운 지식에 대한 거부감을 가지게 되었고 점점 독서가 두려워졌습니다. 그동안의 독서를 면밀하게 돌아보았습니다. 마인드셋의 관점에서 보면 저는 오히려 독서를 처음 시작했을 때 성장 마인드셋이 강한 상태였습니다. 처음으로 독서에 재미를 들이면서 새로운 책에 대한 거부감을 거의 느끼지 않을 때였습니다. 하지만 조금의 지식이 생기고 나니 그 지식이 블랙홀처럼 저를 고정 마인드셋의 늪으로 빨아들였습니다. 가지고 있는 지식을 남들에게 입증해야 한다는 집착이 생겨났고 새로운 지식에 거부감이 들었습니다.

그런데 생각해보니 제가 좌절하고 있는 이유도 저의 자질이 고정되어 있다고 여기기 때문이라는 걸 깨달았습니다. 이 책의 저자가 말하고자 하는 핵심은 '성장 마인드셋을 가지도록 노력해보세요'였는데도 말입니다.

지금으로부터 약 3년 전이었습니다. 그때부터 고정 마인드셋으로부터의 탈피 과정이 시작되었습니다. 저에게서 고정 마인드셋을 발견할 때마다 마음속으로 주문을 걸었습니다.

'나를 증명하려는 욕구를 내려놓자. 나 자신을 성장하게 만드는 데 집중하자. 어제보다 한 걸음 성장하는 데 집중하자.'

3년이 지난 지금도 고정 마인드셋의 잔재가 제 안에 있음을 종종 발견하곤 합니다. '증명하려는 욕구'가 제 안에서 불쑥 튀어나와 성장에 집중하려는 제 발목을 잡고 늘어지기도 합니다. 하지만 3년 전보다 정말 많이 변했습니다. 새로운 책을 펼쳐 볼 때 더 이상 두려움을 느끼지 않습니다. 물론 기존의 지식을 공고히 할 때 큰 희열을 느끼는 것은 변함없지만 말입니다. 독서가 두 배로 즐거워졌습니다. 기존의 지식을 견고하게 하는 과정도 즐겁고, 새로운 지식을 확인하며 제가 가진 지식 세계의 지평을 넓히는 것도 즐겁습니다.

　탁월한 독서가들은 '불편하고 낯선 지식'을 편하게 여깁니다. 이것이야말로 성장 마인드셋의 극치가 아닐까 생각합니다. 불편한 지식이 자신을 해치지 않고 오히려 자신에게 도움을 준다는 것을 무의식적으로도 느끼는 단계에 도달한 것입니다. 저는 아직 그 경지까지는 한참이나 멀었다고 느낍니다. 아직 '불편한 지식'이 편하지만은 않으니까요. 하지만 그렇다고 예전처럼 도피할 정도로 극도의 불안감을 느끼지 않게 된 것은 큰 발전이라고 생각합니다. 인간의 자질은 얼마든지 노력을 통해 발전할 수 있다는 성장형 사고방식이 제 안에 자리 잡고 있다는 것을 느끼고 있습니다. 우리의 자질은 고정되어 있지 않습니다. 우리의 정신은 하루가 다르게 개선될 수 있습니다. 능력보다 중요한 것은 노력입니다. 현재 상태를 증명하려 하기보다 불편한 지식을 탐구하며 한 걸음 성장하는 데 집중해보시기 바랍니다.

느리지만 확실하게
성장하며 읽는 습관

소어 핸슨의 『씨앗의 승리』라는 책에서 큰 깨달음을 얻은 대목이 있습니다.

"어떤 종은 흙 속에서 몇십 년을 견디면서, 빛과 수분과 영양분의 적절한 조합이 식물 성장에 알맞은 조건을 만들어낼 때에야 비로소 싹을 틔우는 경우도 있다. 이런 휴면의 습성 덕분에 종자 식물은 다른 모든 생명 형태와는 달리 엄청난 분화와 다양화를 이룰 수 있었다."

몇 년간 제 뇌리에서는 이 문장의 이미지가 떠나지 않고 있습니다. 빠른 성취를 바라는 마음이 오히려 우리의 성장에 독이 될 수 있음을 가르쳐주었기 때문입니다. 만약 씨앗이 자신에게 가장 적합한 환경이 되지 않았을 때 싹을 틔워버리면 어떻게 될까요? 싹은 너무나도 연약하기에 생존하지 못할 것입니다. 그 종이 1,000년 이상을 자라날 잠재력을 가지고 있었더라도 말입니다. 수많은 과실을 내어 세상의 많은 사람에게 영양분을 제공할 능력을 가지고 있었더라도 마찬가지입니다. 그 잠재력은 아예 꽃 피워보지도 못하고 죽어버리고 말 것입니다.

　성장을 위한 독서를 하는 우리도 빠른 성취가 독이 될 수 있음을 기억해야 합니다. 처음 독서를 시작했을 때 저는 그 누구보다 빨리 성장하고 싶다는 강한 욕구가 있었습니다. 100권, 1,000권 빨리 읽어서 책 전문가가 되고 싶었습니다. 어떤 분야의 책이든 사람들에게 척척 소개할 수 있는 사람이 되고 싶었고, 책에 대한 글이라면 막힘없이 술술 써내는 작가가 되고 싶었습니다. 그렇게 되려면 그 누구보다 빠르게 다양한 책을 섭렵해야 했습니다. 탁월한 사람들은 다양한 분야에 통달한다는 이야기를 듣고 분야 상관없이 책들을 읽었습니다. 우주과학, 뇌과학, 자기계발, 시, 소설, 종교, 역사, 철학, 예술 등 나열하기도 힘든 분야의 내용들을 모두 섭렵하겠다고 덤볐습니다. 저는 급하게 세상을 보고 싶었던 씨앗이었습니다. 어서 세상에 모습을 드러내 저의 존재를 인정받고 싶었습니다. 독서가 빠르게 제 삶에 변화를 만들어주길 바랐습니다.

이런 태도의 결과는 어땠을까요? 저는 더 이상 책의 내용을 제대로 이해하는 것에 신경 쓰지 않게 되었습니다. 그저 더 많은 책을 읽어내는 것에만 집중했습니다. 이해가 잘 안되더라도 그냥 다 읽으면 저의 성장에 도움이 될 거라고 생각했습니다. 책상 위에 수십 권을 쌓아두고 빠르게 읽어치우고, 또 수십 권을 가져와 빠르게 읽어치우길 반복했습니다.

이 과정이 반복되자 저는 더 이상 한 권에 진득하게 집중하지 못하게 되었습니다. 책의 내용이 조금만 진지한 이야기를 하며 늘어지면 견뎌내지 못했습니다. 곧바로 또 다른 책을 펼쳤습니다. 빨리 수많은 책을 읽어내야 한다는 생각에 한 권의 내용에 온전히 집중할 수 없었습니다. 매일 이런저런 책을 펼쳤다 덮었다를 반복하면서 맛만 보는 책들이 많아졌습니다. 저의 관심은 '읽고 있는 책'이 아니라 '아직 읽지 않은 책'들에 있었습니다.

또한 저는 실력을 키우기보다 '실력이 있는 것처럼' 보이는 방법을 알려주는 책들을 더 선호하게 되었습니다. 빠른 성장의 방법론을 알려주는 책들, 수박 겉핥기 하듯 책을 빠르게 읽어치우는 방법을 알려주는 책들, 한 가지 방법만 실천하면 반드시 성공한다고 말하는 감언이설이 가득한 책들을 더 좋아하게 되었습니다. 그게 저를 더욱 빠르게 성장하게 만들어줄 것이란 기대가 있었기 때문입니다. 인문학 서적처럼 진지하고 깊이 있게 이야기하는 책들에는 더 이상 집중할 수 없게 되었습니다. 오히려 느리게 돌아가는 방법이라 생각했기 때문입니다.

나중에서야 '빨리 성장하고 싶다'는 생각이 저를 망치고 있다는 것을 깨달았습니다. 제가 가지고 있던 독서의 태도가 얼마나 미련했는지 알게 되었습니다. 저는 각각의 책이 진정으로 전하고자 하는 본질적인 메시지를 이해하려고 하지 않았습니다. 그저 다양한 책의 정보만을 얻으려고 했던 것입니다. 수박의 속살을 직접 먹으며 영양분을 섭취하려 하지 않고, 그저 돌아다니면서 온갖 수박들을 통통 두드려보는 일만 했던 것입니다. 무엇이 맛있을까 하는 질문을 하면서요.

무럭무럭 성장하기에 적합한 환경이 되었을 때 싹을 틔우는 씨앗의 지혜를 배워야겠다는 생각이 들었습니다. 무작정 빠른 성취를 바라는 태도가 아니라 진짜 내 실력을 키우자고 다짐했습니다. 책의 피상적인 정보만을 아는 독서가가 아니라 책의 깊은 메시지를 이해하면서 묵묵히 공부에 집중하는 독서가가 되자고 마음먹었습니다. 그러다 보면 제 주위 환경이 제가 싹을 틔울 만한 적합한 시기인지 알아볼 수 있는 지혜도 생길 것이라 기대했습니다.

　다산 정약용은 유배 기간 아들들에게 편지를 보내 경전과 역사 공부를 통해 기초를 다지는 것의 중요성을 강조했습니다. 바른 정치와 나쁜 정치를 알기 전에, 세상의 득과 실에 대해 알기 전에 그 근본이 되는 것을 먼저 이해해야 한다고 했습니다. 즉, 피상적인 겉면에 치중하지 말고 깊은 곳에 있는 것부터 차근차근 공부할 수 있어야 한다고 강조한 겁니다.

　빠른 성취보다 중요한 건 내면의 실력이 제대로 성장하는 것임을 깨달았습니다. '빠른 성취'라는 것 자체가 제 상상이 만들어낸 허상이었습니다. 오페라 가수 비벌리 실즈Beverly Sills도 "갈 만한 가치가 있는 곳에는 지름길이 없다"라고 말했습니다. **진정한 성장을 얻고자 한다면 지름길은 오히려 피해 가야 하는 것입니다.**

　'대기만성'이라는 단어를 좋아합니다. 큰 그릇은 천천히 완성된다는 뜻입니다. 세상과 빠르게 연결되어 작은 그릇으로 쓰임 받기보다 저는 느리게 성장하더라도 큰 그릇으로 쓰임 받고 싶다는 생각을 합니다. 그리고 그런 저의 방향을 제대로 실행하는 독서의 태도는 '느리지만 확실하게 성장하는' 자세라는 것을 명확히 깨달았습니다.

10 한 저자의 모든 책을
읽는 습관

어떤 특정 책이 마음에 들면 그 저자의 다른 책들을 모두 찾아보고 구매해 읽는 습관을 가지고 있습니다. 저자가 알고 있는 모든 것들을 제 지식 세계에 편입시키고 싶은 욕망 때문입니다. 또 한편으론 존경하며 따르고 싶은 저자에게도 아직 부족하던 초보 작가의 시절이 있지 않을까, 그들의 첫 작품은 어떤 모습이었을까 하는 궁금증 때문입니다. 이렇게 한 저자의 모든 책을 읽는 습관이 탁월한 독서가들이 강력하게 추천하는 독서법이란 걸 나중에 알게 되었습니다. 독서법의 이름도 있었습니다. '인물 독서'라고도 불리고 '전작주의 독서'라고도 불렸습니다. 조희봉의 『전작주의자의 꿈』에 자세한 설명이 담겨 있었습니다.

"전작주의란, '한 작가의 모든 작품全作을 통해 일관되게 흐르는 흐름은 물론 심지어 작가 자신조차 알지 못했던 징후적인 흐름까지 짚어 내면서 총체적인 작품세계에 대한 통시/공시적 분석을 통해 그 작가와 그의 작품세계가 당대적으로 어떤 의미를 지니는지를 찾아내고 그러한 작가의 세계를 자신의 세계로 온전히 받아들이고자 하는 일정한 시선'을 의미한다."

이 대목을 봤던 것이 약 3년 전이었습니다. 이전에는 그저 마음이 가는 대로 좋아하는 작가를 따라다니며 책을 읽었지만, 이 시점부터는 조금 더 의식적이고 체계적으로 전작주의 독서를 실천했습니다. 그 단계는 아래와 같습니다.

1. 성장 목적에 부합하는 인물 고르기
2. 관련 서적 모으기
3. 통독하며 중요 내용 발췌하기
4. 자료 정리하기
5. 정기적으로 재독하기

이 방법을 활용해 여러 저자들과 깊어지는 시간을 보냈습니다. 니체, 로버트 그린, 헤르만 헤세, 구본형, 조정래, 손자, 공자, 노자 등 한 명의 저자를 고르고 그 저자의 사상이 제 내면 깊이 스며들 수 있도록 충분한 시간을 들였습니다. 어떤 저자는 1~2달이 걸리기도 했고, 어떤 저자는 1년 이상이 걸렸습니다. 이렇게 시간 차이가 나는 이유는 때론 전작주의 독서에 대한 의욕이 떨어지더라도 '너무 강박적으로 열심히' 읽지는 않았기 때문입니다. 시간이 오래 걸리더라도 꾸준히 함께하며 그들의 내면과 소통하는 데 집중했습니다. 책을 못 읽는 날도 있고, 하루에 10분 정도만 읽는 날도 있었지만 꾸준히 함께하는 데 집중했습니다. 그리고 이 방법을 실천하다 보면 어느 날부턴가 그들의 목소리가 제 정신 속에서 울리는 게 느껴졌습니다.

전작주의 독서가 탁월한 독서법인 이유가 있습니다. 내면화된 현자들의 목소리가 우리 삶의 순간순간에 큰 지혜를 발휘해 주기 때문입니다. 저는 약 1년 동안 공자에 관련된 서적들을 찾아 읽었고 이 독서는 지금도 계속 진행 중입니다. 이 과정이 깊어지다 보니 일상을 살아가다 도움이 필요할 때마다 공자의 목소리가 제 정신 속에서 들려옵니다.

가령, 공부의 성과를 빨리 얻고 싶다는 조급함이 생길 때마다 "배움을 즐기는 것이 가장 중요하다"는 공자의 '호학好學' 정신이 떠오릅니다. 그러면 즐기는 마음이야말로 그 어떤 마음보다 세다는 것을 다시 떠올리게 됩니다. 배움의 결과에 집착하기보다 배우는 과정을 즐기자고 마음을 되새기게 됩니다. 또 독서를 하며 새로운 지식을 얻는 데 급급할 때면 "배우기만 하고 생각하지 않으면 얻음이 없다"는 메시지가, 독서는 하지 않고 생각에만 빠져 방황할 때면 "생각하기만 하고 배우지 않으면 위태롭다"는 메시지가 저의 중심을 바로 잡아줍니다. 지식 습득과 사색이 함께 병행되어야 한다는 걸 되새기게 됩니다.

유튜브를 하면서 조회수가 잘 나오지 않아 제 영상을 알아주지 않는 세상 사람들이 야속하게 느껴질 때가 있었습니다. 이때도 어김없이 공자의 목소리가 정신 속에서 들려왔습니다. "남이 나를 알아주지 않는 것을 걱정할 것이 아니라, 나의 능력이 모자라는 것을 걱정해야 한다." 그러면 영상의 내용이 미흡하진 않았는지, 독자 분들의 필요에 맞지 않는 주제는 아니었는지, 스스로의 부족함을 돌아보게 되었습니다.

책은 저자의 영혼을 담고 있다고 말하곤 합니다. 그런데 '한 권' 속에 그 영혼을 담기란 거의 불가능에 가깝다고 생각합니다. 한 권의 책은 어쩔 수 없이 하나의 주제에 집중될 수밖에 없기 때문입니다. **그러므로 한 권의 책에는 저자 영혼의 일부분만**

이 담겨 있다고 말한다면 더 정확하지 않을까 생각합니다. 전작주의 독서가 필요한 이유입니다. 한 저자가 평생에 걸쳐 집필한 여러 권의 책을 읽어야 합니다. 그때 우리는 더 크고 넓은 저자의 영혼과 가까워질 수 있습니다. 어느 순간부터 그들의 목소리가 우리의 정신 속에서 살아 숨쉬게 됩니다. 그때 우리는 온전히 그들에게 동의할 수도, 온전히 그들의 의견을 비판할 수도 있는 것입니다.

한 저자의 책을 전부 읽어보시길 바랍니다. 그리고 단순히 읽는 것만으로 그치기보다 자료 정리도 해보고 감상도 기록하면서 저자와 깊은 대화를 나눠보시길 바랍니다. 그때 저자의 영혼이 내 곁에 살아 숨쉬면서 삶의 성장을 도와줄 것입니다.

책과의 관계도 인간관계와 같다고 생각합니다.
눈에서 가까워질수록 더 친해지게 됩니다.
좋은 책은 내 성장을 이끄는 스승이 되기도 하고,
내게 힘이 되어주는 친구가 되기도 합니다.

내 삶에 너무나도 중요한 한 사람을 대하듯,
좋은 책을 곁에 두시기 바랍니다.
그러면 그들 또한 여러분께 최고의 친구가 되어드릴 것입니다.

만약 내 인생에
독서가 없었다면

'독서해야 하는 이유'에 대해 곰곰이 생각해보면서 이런 의문이 들었습니다. '왜 사람들은 운동은 중요하게 생각하면서 독서는 중요하게 여기지 않을까?' 운동을 중요하게 다루는 콘텐츠들은 날이 갈수록 많아지는 게 느껴집니다. 운동 관련 산업들도 빠르게 발전하는 게 눈에 띕니다. 이제 운동을 취미가 아니라 삶의 필수 활동으로 여기는 사람들이 많아졌습니다. 하지만 아직 독서는 취미 정도로 여겨지는 경우가 많은 것 같습니다. 사실 저도 별반 다르지 않았습니다. 독서를 인생의 시간이 남을 때 하는 활동 정도로, 유명한 소설이 나오면 재미를 얻기 위해 찾는 정도로 여겼습니다.

하지만 지금은 바뀌었습니다. 독서는 더 이상 제 취미의 수준에 머무르지 않습니다. 독서는 제 인생의 사명이 되었습니다. 매일 먹는 밥처럼 하루에 빠져서는 안 되는 생활이 되었습니다. 독서의 가치를 조금 더 명확하게 인식하고 나면서부터입니다. 독서의 가치를 알고 나니 책을 읽을 때도 더 집중해서 읽게 되었고, 때론 읽기 싫은 날에도 책임감을 가지고 한 페이지라도 읽고 그날 하루를 넘기게 되었습니다. 독서가 운동만큼 삶에 중요하다는 사실을 깨달은 다음부터였습니다.

본격적으로 독서를 시작하고 7년이 지났습니다. 요즘 한 번씩 가정해보게 됩니다.

'7년 전의 내가 책을 읽을 생각을 하지 않았다면 지금 나는 어떤 모습일까?'

가장 먼저 드는 감정은 '아찔함'입니다. 제 존재 전체가 끝이 보이지 않는 암흑처럼 수렁으로 던져지는 것 같은 느낌이 듭니다. 만약 독서를 하지 않았다면 지금 이렇게 책을 통해 독자님들과 소통하면서 충족감과 행복감을 느끼는 저도 없었을 것입니다. 좋은 책을 발견하며 행복해하는 하루하루도 존재하지 않았겠죠. 독서를 통해 저 자신에 대해 더 잘 알아갈 기회도 얻지 못했을 것이고 좋아하는 성공 비법을 탐구할 기회도 없었을 것입니다. 고독한 시간을 좋아하면서도 고독한 시간을 보내는 법을 알지 못해 괴로워했을 것 같습니다. 독서 활동이 얼마나 재미있는지도 알지 못했겠죠. 지금 돌이켜보면 '독서'라는 단어가 없어진 삶은 더 이상 손승욱이 아닐 것 같다는 생각이 듭니다. 그동안 독서는 제 전부였고, 또 앞으로도 저의 전부일 것 같습니다.

저의 전부라고 할 수 있는 '독서'를 주제로 이렇게 독자님들과 소통할 수 있어 너무도 감사하고 행복한 시간이었습니다. 또한 제가 좋아하는 독서를 함께 좋아하는 분들과 연결될 수 있어 너무도 의미 있는 시간이었습니다. 이제 갓 7년을 채운 초보 독서가로서 제 성장에 대해 이야기하고, 좋은 독서 방법에 대해, 탁월한 이들의 독서 습관에 대해 논한다는 것이 조금 두렵기도 했습니다. 지금 저의 수준에서 이 주제의 책을 쓰는 게 맞는 것일까 고민도 많이 했습니다. 하지만 성장의 길로 계속 나아가려면 현재의 부족한 모습 그대로 세상과 연결되는 일에 지속적으로 참여해야 한다는 생각이 들었습니다. 또 그게 제가 독서를 통해서 배운 중요한 태도 중 하나이기도 했으니까요. 그래서 제게 주어진 이 기회를 살려 그동안 성장의 길을 나아오면서 깨달았던 것들 중 최고의 것을 담으려고 했습니다. 그럼에도 아직 부족함이 보였다면, 책과 함께 꾸준히 성장해가고 있는 청년 작가를 어여삐 여기는 마음으로 봐주신다면 좋겠습니다.

저는 꿈이 있습니다. 지적 성장의 길을 걷고자 하는 분들께 최고의 본보기가 되는 삶을 살고 싶다는 소망입니다. 어찌 보면 죽는 순간까지 달성할 수 없는 꿈일 것 같습니다. 50살이 되든 80살이 되든 제가 이룬 것들에 만족하지 않고 계속해서 책을 읽고 글을 쓰고 강의하며 성장해야만 가능한 꿈입니다. 저는 이것을 제 일생의 소명으로 삼았습니다. 축구 선수들은 축구를 잘할 때 최고의 본보기가 될 것입니다. 지적 성장의 본보기가 되겠다는 꿈을 품은 저는 지적 성장을 잘할 때 최고의 본보기가 되겠죠. 그래서 끊임없이 성장하는 비결에 대해 연구하고 그 깨달음들을 제 삶에 적용하며 나아가려고 합니다. 저의 부족함을 계속 개선해 나가는 사람이 되려고 합니다. 그래서 제 시행착오의 과정이 성장을 향해 나아가는 분들께 희망과 용기를 드릴 수 있으면 좋겠습니다.

제 이야기가 이제 막 독서를 시작하는 분들께 많은 도움이 되었으면 좋겠다는 마음으로 이번 책을 썼습니다. 그리고 제가 책을 읽으며 독서와 성장에 관한 깨달음을 얻을 때마다 유튜브 영상 콘텐츠로 만들어 전해드리려고 합니다. 또 저의 성장 이야기를 글로도 꾸준히 기록해 '우기부기 매거진'을 통해 나눠드리고 있습니다. 이렇게 독서와 함께 성장하는 삶을 살고 싶은 분들과 꾸준히 소통하고 싶습니다.

'지적 성장의 길'은 때로 외로움이 가득한 고독의 길임을 잘 알고 있습니다. 하지만 같은 방향을 보고 함께 걸어가는 사람이 있다는 것을 알고 서로의 모습을 통해 배우면 그 고독의 적적함은 줄이고 성장의 효과는 배로 높일 수 있다고 믿습니다. 이제 시작입니다. 함께 이 길을 걷지 않으시겠습니까?

본문에서 인용한 책들

41쪽 · 리처드 바크 지음, 공경희 옮김, 『갈매기의 꿈』(나무옆의자, 2018년), 37쪽

42, 101쪽 · 김용옥 지음, 『대학·학기한글역주』(통나무, 2009년), 301, 303, 321쪽

49쪽 · 박민영 지음, 『책 읽는 책』(지식의숲, 2012년), 262쪽

105쪽 · 최연호 지음, 『통찰지능』(글항아리, 2022년), 114쪽

105쪽 · 커튼 모텐슨 지음, 이소희 옮김, 『끌림의 미학 카리스마 법칙』(북허브, 2015년), 86쪽

142, 156, 157쪽 · 최진석 지음, 『노자의 목소리로 듣는 도덕경』(소나무, 2001년), 453, 459쪽

142쪽 · 제임스 클리어 지음, 이한이 옮김, 『아주 작은 습관의 힘』(비즈니스북스, 2019년), 19쪽

143쪽 · 가와니시 시게루 지음, 김경섭 옮김, 『3가지 성공 사이클』(3mecca, 2007년), 291쪽

144쪽 · 리사 제노바 지음, 윤승희 옮김, 『기억의 뇌과학』(웅진지식하우스, 2022년), 167쪽

145쪽 · 피터 드러커 지음, 조영덕 옮김, 『피터 드러커의 자기경영노트』(한국경제신문, 2020년), 21쪽

146쪽 · 그렉 맥커운 지음, 김미정 옮김, 『최소 노력의 법칙』(알에이치코리아, 2021년), 126쪽

146쪽 · 데이브 질크, 브래드 펠드 지음, 박선령 옮김, 『더 해머』(서사원, 2022년), 67쪽

147쪽 · 피트 데이비스 지음, 신유희 옮김, 『전념』(상상스퀘어, 2022년), 25쪽

175쪽 · 댄 S. 케네디, 리 밀티어 지음, 안진환 옮김, 『레니게이드』(너와숲, 2022년), 59쪽

185쪽 · 고바야시 마사야 지음, 김복희 옮김, 『10억 공부법』(스튜디오오드리, 2020년), 90쪽

195쪽 · 소어 핸슨 지음, 하윤숙 옮김, 『씨앗의 승리』(에이도스, 2016년), 20쪽

201쪽 · 조희봉 지음, 『전작주의자의 꿈』(함께읽는책, 2003년), 24쪽

나를 크게 성장하게 해준 책들

나 자신을 발견하는 데 도움을 준 책들

- 『위대한 나의 발견 강점혁명』, 갤럽 프레스 지음, 청림출판
- 『나는 무엇을 잘할 수 있는가』, 구본형 변화경영연구소 지음, 고즈윈
- 『구본형의 필살기』, 구본형 지음, 다산라이프

인생의 꿈을 설계하는 데 도움을 준 책들

- 『과정의 발견』, 조연심 지음, 카시오페아
- 『그대, 스스로를 고용하라』, 구본형 지음, 김영사
- 『다크호스』, 토드 로즈·오기 오가스 지음, 정미나 옮김, 21세기북스

연습하는 방법에 대해 알려준 책들

- 『마스터리의 법칙』, 로버트 그린 지음, 이수경 옮김, 살림Biz
- 『1만 시간의 재발견』, 안데르스 에릭슨·로버트 풀 지음, 강혜정 옮김, 비즈니스북스
- 『탤런트 코드』, 대니얼 코일 지음, 윤미나·이지민 옮김, 웅진지식하우스
- 『재능은 어떻게 단련되는가』, 제프 콜빈 지음, 김정희 옮김, 부키
- 『작심』, 신동선 지음, 해나무
- 『재능을 만드는 뇌신경 연결의 비밀』, 신동선 지음, 더메이커

습관을 고칠 때 도움이 되었던 책들

- 『습관의 재발견』, 스티븐 기즈 지음, 구세희 옮김, 비즈니스북스
- 『해빗』, 웬디 우드 지음, 김윤재 옮김, 다산북스
- 『아주 작은 습관의 힘』, 제임스 클리어 지음, 이한이 옮김, 비즈니스북스
- 『탄력적 습관』, 스티븐 기즈 지음, 김정희 옮김, 한빛비즈
- 『천재들의 창조적 습관』, 트와일라 타프 지음, 노진선 옮김, 문예출판사

독서법과 지식 경영법을 익히는 데 도움이 되었던 책들

- 『교사 없는 독서법』, 모티머 J. 애들러·찰스 반 도렌 지음, 독고 앤 옮김, 물과숲
- 『서재의 마법』, 김승·김미란·이정원 지음, 미디어숲
- 『다산선생 지식경영법』, 정민 지음, 김영사
- 『제텔카스텐』, 숀케 아렌스 지음, 김수진 옮김, 인간희극

글쓰기 공부를 할 때 도움이 되었던 책들

- 『책읽기부터 시작하는 글쓰기 수업』, 이권우 지음, 한겨레출판
- 『글쓰기와 책쓰기』, 손정 지음, KSAM
- 『하버드 글쓰기 강의』, 바버라 베이그 지음, 박병화 옮김, 에쎄
- 『작가의 문장 수업』, 고가 후미타케 지음, 정연주 옮김, 경향BP
- 『인문 내공』, 박민영 지음, 웅진지식하우스

성공의 본질에 대해 알려준 책들

- 『좋은 기업을 넘어 위대한 기업으로』, 짐 콜린스 지음, 이무열 옮김, 김영사
- 『제로 투 원』, 피터 틸·블레이크 매스터스 지음, 이지연 옮김, 한국경제신문
- 『아웃라이어』, 말콤 글래드웰 지음, 노정태 옮김, 김영사

- 『오리지널스』, 애덤 그랜트 지음, 홍지수 옮김, 한국경제신문
- 『기브앤테이크』, 애덤 그랜트 지음, 윤태준 옮김, 생각연구소
- 『성공의 공식 포뮬러』, 앨버트 라슬로 바라바시 지음, 홍지수 옮김, 한국경제신문

지식 사업을 하는 데 도움이 되었던 책들

- 『부의 추월차선』, 엠제이 드마코 지음, 신소영 옮김, 토트
- 『언스크립티드』, 엠제이 드마코 지음, 안시열 옮김, 토트
- 『레니게이드』, 댄 S. 케네디·리 밀티어 지음, 안진환 옮김, 너와숲
- 『백만장자 메신저』, 브렌든 버처드 지음, 위선주 옮김, 리더스북
- 『그 망할 멍청한 셈법을 당장 때려치워라』, 댄 S. 케네디 지음, 안종설 옮김, 해의시간
- 『콘텐츠로 창업하라』, 조 풀리지 지음, 강혜정 옮김, 세종서적
- 『창작의 블랙홀을 건너는 크리에이터를 위한 안내서』, 라이언 홀리데이 지음, 유정식 옮김, 흐름출판

성장의 지혜를 알려준 소설과 고전 인문학들

- 『데미안』, 헤르만 헤세 지음, 전영애 옮김, 민음사
- 『갈매기의 꿈』, 리처드 바크 지음, 공경희 옮김, 나무옆의자
- 『햄릿』, 윌리엄 셰익스피어 지음, 최종철 옮김, 민음사
- 『맥베스』, 윌리엄 셰익스피어 지음, 최종철 옮김, 민음사
- 『연금술사』, 파울로 코엘료 지음, 최정수 옮김, 문학동네
- 『돈키호테』, 미겔 데 세르반테스 지음, 박철 옮김, 시공사
- 『논어』, 공자 지음, 김원중 옮김, 휴머니스트
- 『논어한글역주』, 김용옥 지음, 통나무
- 『노자의 목소리로 듣는 도덕경』, 최진석 지음, 소나무

- 『대학·학기한글역주』, 김용옥 지음, 통나무
- 『손자병법』, 손자 지음, 김원중 옮김, 휴머니스트
- 『메시지 구약 시가서』, 유진 피터슨 지음, 복 있는 사람
- 『메시지 신약』, 유진 피터슨 지음, 복 있는 사람
- 『인간 붓다, 그 위대한 삶과 사상』, 법륜 지음, 정토출판
- 『명상록』, 마르쿠스 아우렐리우스 지음, 천병희 옮김, 숲
- 『미야모토 무사시의 오륜서』, 미야모토 무사시 지음, 박화 옮김, 원앤원북스
- 『니코마코스 윤리학』, 아리스토텔레스 지음, 천병희 옮김, 숲
- 『차라투스트라는 이렇게 말했다』, 프리드리히 니체 지음, 장희창 옮김, 민음사
- 『월든』, 헨리 데이빗 소로우 지음, 강승영 옮김, 은행나무

다양한 영역으로 생각을 확장해준 교양 도서들

- 『청춘의 인문학』, 안상헌 지음, 북포스
- 『통찰지능』, 최연호 지음, 글항아리
- 『이타주의자의 은밀한 뇌구조』, 김학진 지음, 갈매나무
- 『이토록 뜻밖의 뇌과학』, 리사 펠드먼 배럿 지음, 변지영 옮김, 더퀘스트
- 『넛지』, 리처드 탈러·캐스 선스타인 지음, 이경식 옮김, 리더스북
- 『몰입 FLOW』, 미하이 칙센트미하이 지음, 최인수 옮김, 한울림
- 『사피엔스』, 유발 하라리 지음, 조현욱 옮김, 김영사
- 『코스모스』, 칼 세이건 지음, 홍승수 옮김, 사이언스북스
- 『행복의 정복』, 버트런드 러셀 지음, 이순희 옮김, 사회평론
- 『감정이라는 세계』, 레온 빈트샤이트 지음, 이덕임 옮김, 웅진지식하우스
- 『철학을 권하다』, 줄스 에반스 지음, 서영조 옮김, 더퀘스트
- 『나를 향해 걷는 열 걸음』, 최진석 지음, 열림원

10억짜리 독서법

초판 1쇄 인쇄 2023년 9월 1일
초판 1쇄 발행 2023년 9월 13일

지은이 손승욱
펴낸이 이승현

출판1 본부장 한수미
와이즈 팀장 장보라
책임편집 선세영
디자인 어나더페이퍼

펴낸곳 ㈜위즈덤하우스   **출판등록** 2000년 5월 23일 제13-1071호
주소 서울특별시 마포구 양화로 19 합정오피스빌딩 17층
전화 02) 2179-5600   **홈페이지** www.wisdomhouse.co.kr

ⓒ 손승욱, 2023

ISBN 979-11-6812-765-4 03320